LA
BEAUTÉ DU DIABLE

PIÈCE FANTASTIQUE EN TROIS ACTES, ET HUIT TABLEAUX

PRÉCÉDÉE DE

L'ENFER DU DANTE

PROLOGUE

PAR

MM. EUGÈNE GRANGÉ et LAMBERT-THIBOUST

Représentée pour la première fois, à Paris, sur le théâtre du PALAIS-ROYAL,
le 20 août 1861

PARIS

MICHEL LÉVY FRÈRES, LIBRAIRES-ÉDITEURS

RUE VIVIENNE, 2 BIS

—

1861

SATAN... MM. Hyacinthe.
FEU BRASSEUR (BELPHÉGOR)........ Brasseur.
BÉBÉ DE LA CHICARDIÈRE........... G. Perez.
LA ROUSSOTTE...................... Lassouche.
LE PÈRE TOBY, maître d'école....... Fizelier.
PREMIER DÉMON.................... Kaleaire.
DEUXIÈME DÉMON.................. Félicien.
TROISIÈME DÉMON................. Paul.
PREMIER GARÇON DE RESTAURANT. Lemeunier.
FANCHETTE........................ Mmes Schneider.
MADAME SATAN................... Thierret.
CLAQUETTE....................... Milla.
MADELON......................... Ducellier.
CATICHE.......................... Bilhaut.
JEANNETTE....................... Mathilde.
NICOLE .... Derosnay.
TAPOTTE......................... Tourtois.

LA
BEAUTÉ DU DIABLE

PROLOGUE

PREMIER TABLEAU.

La salle de bains de Satan : au milieu du théâtre, la baignoire cachée
par des rideaux; une toilette.

SCÈNE PREMIÈRE.

LES DÉMONS, puis SATAN.

(Au lever du rideau, six démons disposent sur la table des pommades, des
essences. — Un d'entre eux met sur un réchaud un fer à friser.)

CHŒUR.

Air de *Robert le Diable*.

Démons de service,
Sans perdre un instant,
Faisons notre office
Auprès de Satan.

PREMIER DÉMON.

Oui, pour sa figure,
Préparons ce fard,
Pour sa chevelure,
L'huil' de Macassar !

TOUS.

L'huil' de Macassar !

PREMIER DÉMON.

Que, prodige énorme!
Au sortir du bain,
Notre art le transforme
En vrai chérubin !

TOUS.

Afin d'embellir le maître de l'enfer,
Il faut lui donner un bon coup de fer!

REPRISE.

Démons de service, etc.

SATAN.

Mais, sapristi, mon bain refroidit! De l'eau chaude, sapristi!... Je grelotte, saprelotte!

LES DÉMONS, se hâtant.

Voilà, maître, voilà! (Les démons ouvrent les rideaux pour verser
l'eau chaude. — On aperçoit Satan dans sa baignoire, la tête vers le public.
Il est affreux.)

SATAN, criant.

Assez, assez, sapristi! voulez-vous donc me faire cuire, me
convertir en homard? Là! maintenant, du lait d'amandes...
Vivement, mes enfants, vivement!... Allez-y encore d'un fla-
con!...

PREMIER DÉMON, lui versant dans sa baignoire.

Voilà, maître!

SATAN.

Na!... Merci, mon bon Arthur. Ah! je suis bien là-dedans.
Je crois que ce bain, pratiqué par les odalisques, rendra
quelque fraîcheur à papa!

PREMIER DÉMON.

N'en doutez pas, maître. Tenez, déjà votre auguste face a
repris de l'éclat!

TOUS.

Oui! oui!

TROISIÈME DÉMON.

Vous redevenez joli!...

SATAN, satisfait.

Sans charge?... Allons, vivement, mes enfants, ma descente
de bain, un peignoir bien chaud!...

TOUS.

Voilà, maître!

SATAN.

Et tirez les rideaux! (On les ferme. Satan passe sa tête au milieu.)
Ah! deux serviettes... bouillantes, bouillantes!

TOUS.

On y va!...

REPRISE DE L'ENSEMBLE.

Démons de service, etc.

SATAN, reparaissant habillé.

Ah! me voilà! — Eh bien, comment suis-je?

TOUS.

Superbe!

SATAN, à part.

Méfions-nous! ce sont des bonshommes très-plats, de vils
flatteurs premier numéro. (Haut.) Que l'on m'apporte mon
miroir de Venise! (On le lui donne. — Il se regarde.) Ah! ah! ah!
démons de mon royaume, vous n'êtes qu'un tas de far-
ceurs!

TOUS.

Ah ! maître !

SATAN.

Je suis laid...

LES DÉMONS.

Oh !...

SATAN.

Je suis horrible, je suis infect !... Sac à papier !... mille millions de chaudières !... nom d'un petit bonhomme !... dire que j'ai été beau !... (Au public.) Elle est assez bonne, celle-là, hein ?... J'ai été épatant !... Dame !... consultez les tableaux... Satan dégotté... posé à la Mélingue... (Il prend une pose infernale.) J'avais un rude cachet... et aujourd'hui... va te faire lanlaire !... (Se regardant encore.) N'y a pas, n'y a pas !... je suis ignoble !... Ah ! j'ai une binette impossible... Et v'là dix-huit ans que ça dure... C'est à crever de rire, ma parole d'honneur !...

PREMIER DÉMON.

Maître, êtes-vous bien sûr d'avoir employé tous les cosmétiques, tous les secrets de la parfumerie et de la science ?...

SATAN.

Est-y bête !... V'là-t-y un démon qu'est bête !...

TOUS.

Oh ! oui, oui !

SATAN.

Mais, fichu âne que tu es... car vraiment ces gens-là me feraient parler d'une façon dégoûtante... (Criant.) Mais, tas de crétins que vous êtes tous... j'ai tout épuisé !... tout ! tout ! depuis le vinaigre de Bully, à un franc cinquante, jusqu'à l'eau des Sultanes, à quatre francs soixante-quinze, tout, jusqu'au vinaigre Léotard... tonique puissant, à quatre francs vingt-cinq, qui raffermit l'épiderme sans l'irriter. J'ai consulté, *franco*, les plus grands chimistes !... J'ai écrit à la vicomtesse de Renneville... Eh bien, c'est comme si je flûtais !..

TOUS.

Ah bah !

SATAN.

Oh ! mais... une bien meilleure !... (Les démons se rapprochent de lui.) Hi ! hi ! hi ! J'en ris, parce que c'est si fort...

TOUS.

Qu'est-ce donc ?

SATAN.

Vous savez... moi qui faisais tant de conquêtes dans mon sombre royaume ? Plus rien !... four complet !... fiasco ! Chou blanc sur toute la ligne !...

TOUS.

Oh !...

SATAN.

Air connu.

Moi qui séduisais en faisant les doux yeux,
     A c't heur', je n' séduis plus personne,
Selon l'expression de certain vers fameux,
     Depuis qu' j'ai mon nez qui tremboule!
     Je vois un' diabless' l'autre jour,
Soudain je l'accoste et lui parle d'amour;
     V'là qu'ell' m' répond ex-abrupto :
     Va donc t' coucher, vilain moigneau!

TOUS, riant.

Ah! ah! ah! elle est forte!

SATAN.

Ça les fait rire!... Moi, le diable, je fais rire!... C'est ruisselant d'inouïsme!... Allons, imbéciles, frisez-moi!

LES DÉMONS.

Voilà, maître!... (Satan s'assied.)

PREMIER DÉMON, le frisant.

Du moins, seigneur, si les autres femmes sont cruelles, votre chaste moitié vous reste.

SATAN.

Qui?... ma femme?... madame Satan?... La belle fichue consolation!... Une ancienne Cauchoise, veuve, de son vivant, de trois maris... dont deux pompiers...

PREMIER DÉMON.

Elle était encore très-bien quand elle est venue ici.

SATAN.

Oui... elle avait d'assez beaux restes... et j'ai eu la faiblesse de l'épouser... Mais elle est trop potelée... J'aime bien qu'une femme soit potelée; seulement, quand elle est trop potelée... je dis : « Ah! non... il n'en faut plus! » Aïe!... tu me tires les cheveux!

UN DÉMON, entrant. Il porte une grande livrée rouge.

Le journal du maître!

SATAN.

Ah! *l'Opinion infernale*... Voyons... (Il marmotte entre ses dents.) « Le roi de... de... a fait dire au prince de... » Ça m'est égal, tout ça... Un jour, je leur z-y dirai mon opinion sur eusses. (Avec cri.) Ah!...

LES DÉMONS.

Qu'est-ce donc?

SATAN.

Oyez!... oyez!... (Lisant.) « Il vient d'arriver en enfer, par le dernier steamer, capitaine Astaroth, une nouvelle cargaison de damnées femelles... Ce sont des danseuses de l'Opéra... » Des danseuses... c'est-à-dire des femmes légères... Dès ce soir, je veux en séduire une demi-douzaine... Bichonnez-moi, faites-moi joli, messieurs... ou je vous mets tous à la broche...

CHŒUR DES DÉMONS, empressés autour de Satan.

Air de fanfare.

Vite, qu'on lui donne
Son coup de fer !
Que chacun bichonne
Le roi de l'enfer !

LA VOIX DE MADAME SATAN.

Je vous dis que j'entrerai !

LES DÉMONS.

Madame Satan !

SATAN.

Mon épouse !... Dire que je ne peux même pas me baigner tranquillement !... Je n'y suis pas !

SCÈNE II.

LES MÊMES, MADAME SATAN.

MADAME SATAN.

Ah ! je vous y prends !

PREMIER DÉMON.

Mais, madame...

MADAME SATAN.

Tiens ! voilà pour toi ! (Elle lui donne un soufflet.)

PREMIER DÉMON.

Oh ! la la ! (Les démons se retirent dans le fond respectueusement.)

MADAME SATAN.

Encore en train de vous graisser le museau !

SATAN.

Madame, cette expression...

MADAME SATAN.

Elle est de Molière... (Regardant sur la toilette.) Des pommades ! des flacons... à votre âge ! et, vilain comme vous l'êtes, faire le coquet, le gandin !... mettre de la poudre de riz !... Pitié ! pitié ! pitié !...

SATAN.

Femme Satan !...

MADAME SATAN.

Je gage que vous manigancez encore quelque infidélité à mon égard...

SATAN.

Moi ?...

MADAME SATAN.

Oui !... Je parierais que vous voulez plaire à ces petits chiens coiffés nouvellement arrivés...

SATAN.

Des chiens coiffés ?... Connais pas !

MADAME SATAN.

Faites donc votre sainte-n'y-touche!... Ah! Théodore! Théodore!... vous me rendez bien malheureuse!...

SATAN.

Voyons, Augustine, voyons, réfléchis un peu, ma bonne amie...

MADAME SATAN.

Air : *On dit que je suis sans malice.*

Avec une pareill' binette,
Rêver encore une conquête !

SATAN.

Ah! c'est bien pour toi seule, hélas!
Que je pleur' mes faibles appas.
Depuis dix-huit ans, ô ma belle,
Je suis l'époux le plus fidèle!

(Avec galanterie.)

Je t'adore... voilà pourquoi...

(Changeant de ton.)

Et puis, pas un' femm' ne veut d' moi!

MADAME SATAN.

Ah! traître!... ah! gredin!... ah! grande chabraque!...

SATAN.

Madame, ceci n'est plus du Molière! c'est de la cavalerie!

MADAME SATAN, avec joie.

Oui, tu es laid... oui, tu es affreux... mais pas encore assez!... Je veux t'égratigner... t'arracher un œil!... Je veux...

LE DÉMON à livrée rouge reparaissant.

Maître !...

SATAN, bas à sa femme.

Silence!... Ne donnons point à nos gens le spectacle toujours pénible d'un ménage en bisbille... Soyons hommes du monde, madame!... Sourions... la haine dans le cœur, le sourire sur les lèvres!... à l'anglaise!... (S'adressant au domestique.) Eh bien, qu'est-ce, Frédéric? qu'y a-t-il?

LE DÉMON.

Maître, c'est un nouveau venu.

SATAN.

Un nouveau venu?... Qui ça ?

LE DÉMON.

Un comédien du théâtre du Palais-Royal, trépassé ce soir même.

SATAN.

Un acteur !

MADAME SATAN.

Tiens! un acteur!... Ça m'amusera... j'adore les acteurs!...

SATAN.

Retirez-vous !

MADAME SATAN.

Mais, pourtant...

SATAN.

Je l'ordonne!... Voyons, suis-je le roi des ténèbres, oui z-ou non? J'ai un damné à recevoir... faut que je fasse mes affaires, moi. Allez-vous-en!...

MADAME SATAN.

J'obéis!

SATAN.

Allons, Valentin, mon second valet de chambre, venez procéder à ma toilette... Je veux éblouir ce damné. (Il rentre derrière les rideaux.)

REPRISE DU CHŒUR.

Vite qu'on lui donne, etc.

(Les démons cherchent vivement tous les objets de toilette. Ils sortent.)

MADAME SATAN, seule.

Va, mon cher trésor, bichonne-toi bien... frise-toi bien... tu ne séduiras plus personne... tu ne donneras plus de petits coups de canif dans le contrat... J'y ai mis bon ordre, mon gaillard!...

PREMIER DÉMON, rentrant vivement.

Vite, vite, les boutons de manchettes...

MADAME SATAN.

Ah! gredin, c'est toi qui portais ses poulets!...

PREMIER DÉMON.

Madame!...

MADAME SATAN.

C'est toi qui l'aidais dans ses débordements!... Eh bien, essaye donc maintenant!... essaye donc!

PREMIER DÉMON, embarrassé.

Madame, je suis un bon diable... et je vous prie de croire que jamais... au grand jamais...

SATAN, en dehors.

Eh bien!... et ces boutons?

PREMIER DÉMON.

Voilà, maître! voilà!... (Il entre derrière les rideaux.)

MADAME SATAN.

Ah! mon très-cher époux, tu as beau faire, tu seras fidèle, malgré toi, à ta petite Augustine!... (Elle sort en sautillant.)

SATAN, rentrant.

La! v'là ce que c'est!... Maintenant, qu'on m'accroche mes ailes... Je veux être orné de tous mes accessoires pour recevoir ce damné... D'ailleurs, quand je n'ai pas mes ailes, il me manque quelque chose... La!... ça y est!... En avant l'évocation!

Air de *Robert le Diable*.

Que ce nouveau damné, soumis à ma puissance,
Soit introduit!

TOUS.

Soit introduit!

SATAN.

Démons de Lucifer, par vous, en ma présence
Qu'il soit conduit!

TOUS.

Qu'il soit conduit!

SATAN.

Roi des enfers, c'est moi, moi qui t'appelle,
C'est moi, (ter.)
Moi, damné comme toi!

SCÈNE III.

LES MÊMES, BRASSEUR, dans son costume de polonais de *la Mariée
du Mardi Gras.*

BRASSEUR.

Me v'là! me v'là!

SATAN.

Brasseur!

CHŒUR.

Air des *Nonnes de Robert.*

Eh! quoi, c'est Brasseur! (*bis.*)
Quelle aubaine
Soudaine!
C'est ce cher Brasseur!
C'est l'ami Brasseur!
Nous voyons cet acteur!

TOUS.

Air de *la Mariée du Mardi Gras.*

Eh! mirliton! eh! mirlitaine!
Eh! mirlitaine! eh! mirliton!

BRASSEUR.

Oui, c'est moi, me v'là... c'est certain, c'est certain!... Vous
me reconnaissez?

SATAN.

Oui... j'ai vu vos photographies... (Aux démons.) Des chaises,
donc!... Sont-ils feignants, ces démons-là! (ils s'asseyent.) Et
qui me procure l'avantage de vous voir si tôt?

BRASSEUR.

Voici!... J'étais dans ma loge... Je me disposais à jouer la
trois cent soixante-neuvième représentation de *la Mariée du
Mardi Gras...*

SATAN.

Je connais la pièce.

BRASSEUR.

Ah!

SATAN.

Je l'ai lue... C'est bien écrit... quoique ça... ça perd un peu à la lecture... Mais qui a pu causer votre trépas ?

BRASSEUR.

Ah! voilà... L'ingratitude de mes directeurs... Figurez-vous qu'il était question de renouveler mon engagement... J'avais tout naturellement demandé une augmentation de feux...

SATAN.

Et ils ont eu la petitesse de refuser ?

BRASSEUR.

Justement ! Le régisseur du théâtre est venu, il y a dix minutes, m'annoncer de leur part qu'il leur était impossible d'augmenter leur budget. Alors, la colère m'a pris...

SATAN.

Le sang vous est monté à la tête ?...

BRASSEUR, riant.

Et v'lan ! plus personne !...

SATAN, riant.

Et vous voilà des nôtres ?

BRASSEUR.

Oui... Je suis venu par la barrière d'Enfer...

SATAN.

Naturablement !... Je suis enchanté de vous voir !

BRASSEUR.

Pas moi!... Ça ne pressait pas... (Se levant.) C'est mon oncle qui ne dira rien ; mais c'est ma tante qui ne va pas être contente !...

SATAN, se levant aussi.

Nous lui enverrons un faire-part.

BRASSEUR.

C'est certain... Et vous, monsieur le Diable... ça va bien ? (Il l'embrasse.) Voulez-vous me permettre ?...

SATAN, flatté.

Il a du cœur, cet homme-là !... (Haut.) Ainsi, c'est convenu... vous nous restez ?... Ça nous divertira... vous nous chanterez le *Vieux Buveur*... Justement, ce soir, je donne une petite fête.

BRASSEUR.

Ah bah !

SATAN.

A des danseuses de l'Opéra !...

BRASSEUR.

Tiens ! vous avez ici le corps de ballet ?... Ça me va !... ça me chausse !

SATAN.

Mais vous ne pouvez garder ce costume !... un costume terrestre !...

BRASSEUR.

Pardon ! mais c'est que mes malles ne doivent arriver que par le prochain convoi.

SATAN.

Ah ! voilà !... c'est que vous les avez mises à la petite vitesse !

BRASSEUR.

Je ne l'ai pas fait *express*...

SATAN.

Enfin, vous n'avez pas de mal ?

BRASSEUR.

Non ! je me porte assez bien !

SATAN.

On va vous fournir un costume, quelque chose de léger, de coquet !...

BRASSEUR.

Alors, passons au vestiaire !

SATAN.

Inutile !... Mettez-vous là tout bonnement... (Il frappe du pied ; le costume de lancier disparaît et fait place à un costume de Léotard.)

BRASSEUR.

Comment ! un costume de Léotard?

SATAN.

Tu seras le Léotard de l'enfer !

BRASSEUR.

Nom d'un chien, j'ai des cornes ! mais c'est très-gênant !

SATAN.

Non, c'est une affaire d'habitude, et puis... ça se dévisse à volonté et ça se met dans un étui... Ici, tout le monde a son étui à cornes.

BRASSEUR.

Ah ! bon ! très-bien !...

SATAN.

Et, maintenant, Brasseur n'est plus !... Désormais tu t'appelles Léotard-Belphégor.

BRASSEUR, à part.

Moi Belphégor !... C'est mon oncle qui ne dira rien... mais c'est ma tante qui ne va pas être contente !...

SATAN.

Allons, que la fête commence !... (Le théâtre change à vue.)

DEUXIÈME TABLEAU

La grande salle d'apparat de l'enfer ; les démons et les diablesses
 sont rassemblés ; ils sont en train de danser le quadrille des Lanciers.)

SCÈNE IV.

LES MÊMES, LES DÉMONS, puis LES DANSEUSES.

CHOEUR.

Air des *Lanciers*.

Ah ! le joyeux bal !
Le charmant festival !
Quand l'orchestre infernal
Nous donne le signal,
Puisque, mes amis,
Sauter nous est permis,
Jusqu'à demain sautons
Comme des vrais démons !...

SATAN.

Assez de Lanciers comme ça... Belphégor, introduisez la
nouvelle cargaison de danseuses.

BELPHÉGOR.

Maître ! je suis à vos ordres... (La musique commence. — Belphégor, fait un signe et les danseuses entrent en scène en dansant sur les pointes.
Puis elles font un mouvement de frayeur en apercevant Satan.)

SATAN, parlant sur la musique qui continue.

Mon physique fait son petit effet ! N'importe ! je veux les
fasciner... c'est le moment de risquer la valse de Faust.....
Belphégor, connais-tu la valse de Faust ?

BELPHÉGOR.

Parbleu !

SATAN.

Alors, allons-y ! (La valse de Faust commence. Satan, tout en valsant,
cherche à les fasciner ; mais les danseuses, quand elles sont dans ses bras, s'é-
chappent en lui faisant des pieds de nez et se rapprochent de Belphégor, qu'elles
semblent trouver de leur goût. — Un trapèze descend du cintre. — Belphégor
fait quelques exercices de gymnastique, alors l'enthousiasme des danseuses est
au comble. Elles forment un groupe autour de Belphégor, lui donnant de petites tapes sur les joues, et se laissent embrasser par lui. — En vain Satan
redouble d'efforts pour leur plaire ; il finit par valser tout seul.)

SATAN, s'arrêtant.

Assez !... Damnation !... encore un fiasco !... Des demoiselles qui ont eu des sourires pour les plus vilains magots de la

finance !... elles me résistent, à moi, Satan !... Je ne fais pas mes frais !... Mais où donc est passée mon ancienne beauté ?... je veux le savoir ! (Il monte sur son trône et frappe sur un timbre.) Que mon conseil s'assemble !... qu'il s'explique !... Si l'on ne m'apprend pas ce qu'est devenue mon antique beauté, je vous fais tous bouillir dans la chaudière numéro trois... celle où qu'il y a des vipères !...

LES DÉMONS, avec terreur.

Oh !...

PREMIER DÉMON.

Eh bien, maître... je vous dirai tout haut ce qui se dit tout bas en enfer.

SATAN.

Parle, mon bon Arthur... parle !... et je t'augmente !...

PREMIER DÉMON.

Eh bien, la disparition de la beauté du diable est un tour de madame Satan.

LES DÉMONS.

Oui, oui !

SATAN.

De ma femme ?... Mille barbillons du Styx !... si je le savais !... Mais comment m'en assurer ?

LA VOIX DE MADAME SATAN, en dehors.

Une fête !... Ah ! nous allons voir !... nous allons rire !...

TOUS.

C'est elle !

BELPHÉGOR.

Attendez, je conçois un moyen de savoir la vérité.

TOUS.

Comment ?

BELPHÉGOR.

J'ai divers talents de société... Laissez-moi faire... (Musique de scène. Il fait des passes magnétiques.)

SATAN, le regardant.

Qu'est-ce qu'il fait ?... qu'est-ce qu'il fait ?... de la gymnastique Pichery !

BELPHÉGOR, continuant ses passes.

Tenez, regardez !... voyez !...

SCÈNE V.

LES MÊMES, MADAME SATAN.

(Madame Satan entre en scène, l'œil fixe et comme fascinée.)

TOUS.

Oh !

SATAN.

Qu'a-t-elle donc ?

BELPHÉGOR.

Elle dort.

TOUS.

Elle dort !

BELPHÉGOR.

Je viens de la magnétiser.

CHŒUR, chanté à mi-voix.

Air : *Bonsoir, monsieur Pantalon.*

Bonsoir, madame Satan !
Endormir la femme du diable !
Un tel sommeil est incroyable !...
Ce Belphégor est épatant !
Bonsoir, madame Satan !

(Madame Satan tombe sur un siége.)

BELPHÉGOR.

Et maintenant, Satan, que veux-tu savoir ?

SATAN.

Je veux savoir si c'est elle qui m'a soufflé ma beauté !... Je veux savoir ce qu'elle a fait de la beauté du diable... (Belphégor s'approche de madame Satan et lui envoie du fluide. — La musique de scène reprend.)

BELPHÉGOR.

Répondez !... Savez-vous où est la beauté du diable ? (Madame Satan tressaille.)

BELPHÉGOR.

Parlez... je le veux !...

MADAME SATAN, avec effort.

Oui !... (Mouvement général.)

SATAN.

Elle le sait ! Ah ! mes enfants, c'est ébouriffant !

BELPHÉGOR.

Et qui la lui a ravie ?

MADAME SATAN, se tordant.

Non... moi pas parler... moi rien dire... grâce !...

BELPHÉGOR.

Maître, elle se tord...

SATAN.

Oh ! qu'elle ne fasse pas des manières !... il n'en faut pas !... Fais-la parler... je l'ordonne !...

BELPHÉGOR, nouveau fluide.

Parle... je le veux !... Qui a ravi la beauté du diable ?

MADAME SATAN.

Moi !

TOUS.

Ah !

SATAN.

Ah ! la gredine !... Ah ! la sorcière !

BELPHÉGOR, *mettant sa main sur le front de madame Satan.*

Qu'en avez-vous fait ?

MADAME SATAN.

Je l'ai donnée.

TOUS, *avec éclat.*

Donnée !

SATAN, *aux démons.*

Mais taisez-vous donc, vous autres !... Ah ! quels gêneurs !

BELPHÉGOR.

Donnée... à qui ?

MADAME SATAN, *sautillant sur sa chaise.*

Non, non... je ne le dirai pas !... Ah ! tu me chatouilles !

BELPHÉGOR.

Parlez... je le veux !...

MADAME SATAN.

Eh bien, il y a dix-huit ans... j'étais jalouse... Car je l'aime, mon Théodore... je l'aime !...

SATAN.

Passons ! passons !

MADAME SATAN.

Il me trompait... pour toutes les cocottes de son royaume !

SATAN.

C'est vrai !

MADAME SATAN.

Alors... égarée par la jalousie, j'ai donné sa beauté.

BELPHÉGOR.

A qui ?

MADAME SATAN.

A la petite fille qui viendrait au monde ce jour-là dans mon pays natal... au village de Bolbec !... ligne de l'Ouest !

SATAN.

Il y a dix-huit ans !... C'est donc ça que, depuis ce laps, j'enlaidissais à vue d'œil... de jour en jour.

BELPHÉGOR.

Parbleu !... en même temps que les charmes de cette jeune fille s'épanouissaient au soleil de Normandie.

SATAN.

Mais cette jeune fille... quelle est-elle ? Je veux le savoir !

BELPHÉGOR.

Vous voulez le savoir ?... Voyez-la.

MADAME SATAN.

Je la vois... je la vois !... (*Nuit complète. — Le fond du théâtre s'ouvre, et la vision de madame Satan, devenant palpable pour tout le monde, on aperçoit dans une campagne de Normandie Fanchette Piton, grosse paysanne, entourée de dindons, une petite baguette à la main. Elle porte le costume normand, le bonnet de coton, les gros sabots. Sa figure respire la santé et la fraîcheur.*)

TROISIÈME TABLEAU

—

SCÈNE VI.

LES MÊMES, FANCHETTE PITOU.

FANCHETTE.

Air nouveau de SYLVAIN MANGEANT.

PREMIER COUPLET.

J' somm's Fanchett', le plus biau brin d' fille
De Bolbec et des environs,
Et j' disons à tous les garçons
Qui veul'nt me m'ner sous la charmille :
  Glou! glou! glou! glou !
   J' gardons
   Mes dindons... *(bis)*
 Mes jolits petits dindons !
   Allais !
   Marchais !...
   Glou ! !

SATAN.

Oui... je reconnais mes appas... Elle a la beauté du diable.

FANCHETTE.

DEUXIÈME COUPLET.

Même air.

Faut voir itou comme j' travaille,
J' n'ons pas d' temps pour les amoureux ;
D'ailleurs, c'est tous un tas d' gausseux ,
Je n' voulons aimer qu' ma volaille,
  Glou! glou! glou! glou !
   J' gardons, etc.
(Le fond se referme. Jour complet.)

SCÈNE VII.

LES MÊMES, moins FANCHETTE.

SATAN.

Ainsi, cette fille des champs a ma beauté !... Ma fraîcheur
est dans la salade !... au milieu d'animaux qui échappent à
l'analyse... Ah! perfide épouse !...

MADAME SATAN, toujours endormie.

Théodore!... mon Théo!...

SATAN.

Il n'y en a plus de Théo!... On n'en tient plus!... Ah! je veux une vengeance exemplaire... Demain, je la campe dans un sac et je la fais mariner dans le Styx!

PREMIER DÉMON.

Mais, seigneur, votre épouse est immortelle.

SATAN.

C'est vrai!... pas de chance!... (Avec un cri.) Ah!

TOUS.

Quoi donc?

SATAN, radieux.

Mieux que ça!... Je reconquerrai ma beauté. Et toi, Belphégor, tu m'aideras.

BELPHÉGOR.

Moi?

SATAN.

Oui... Quand tu t'appelais Brasseur, sur les affiches parisiennes, tu avais des trucs, tu savais te travestir... cela nous sera utile...

BELPHÉGOR.

Oui, mais si je vous sers, si je vous rends votre beauté, qu'est-ce qui m'en reviendra?

SATAN.

D'abord, je te ressuscite, je force tes directeurs à te signer un engagement *splendide*... Cent mille francs de fixe... cinq cents francs de feux par pièce... deux cent cinquante les chansonnettes... le droit de ne jamais jouer en premier ni en second...

BELPHÉGOR.

Ni en dernier.

SATAN.

Treize mois de congé!... Et aie donc!

BELPHÉGOR.

J'accepte!

SATAN.

Qu'on m'apporte ma valise de voyage, mon étui à cornes et mon parapluie.

LES DÉMONS, s'empressant.

Voilà, maître! voilà!...

MADAME SATAN, endormie.

Théodore!... je t'aime!... Mon bibi... reste!...

SATAN

Dis donc, te reste-t-il encore un peu de fluide?

BELPHÉGOR.

Oui, toujours!...

SATAN.

Vas-y!... A moi ma demi-daumont!... (Une voiture fantastique paraît.)

SATAN, dans la voiture.

En route pour la Normandie!

BELPHÉGOR, riant.

Et à la recherche de la beauté du diable!

LES DÉMONS.

Bon voyage!...

CHŒUR.

Air :

Carillon!
Faisons tapage!
Quand le maître est en voyage,
Les chats dansent à la maison!

(Un petit diable, habillé en postillon, monte sur le coursier fantastique de la demi-daumont, qui entraîne Satan et Belphégor. Madame Satan, toujours endormie, est en proie à une crise de nerfs. Les démons exécutent une danse macabre en escortant Satan de leurs cris. Tableau animé.)

ACTE PREMIER

QUATRIÈME TABLEAU

L'intérieur d'une école de filles, à Bolbec ; à droite et à gauche, des bancs pour les élèves ; au fond, au milieu, l'estrade et le pupitre du père Toby ; à gauche de l'estrade, la porte d'entrée donnant sur la campagne ; à droite de l'estrade, un coucou ; portes latérales au premier plan, conduisant, l'une, au jardin, l'autre, chez le père Toby.

SCÈNE PREMIÈRE.

LE PÈRE TOBY, puis SATAN.

LE PÈRE TOBY, vieillard centenaire, balayant.

V'là bientôt l'heure de l'école... dépêchons-nous d'balayer ma classe... (Se baissant.) Un trognon de pomme!... Ah! les mâtines... j'gage qu'elles ont encore dévalisé mon jardin!

Ces jeunesses-là n'ont rien de sacré; si, du moins, elles mordaient aussi bien à la lecture qu'à mes reinettes!...
(Il continue à balayer; Satan paraît au fond, à la porte d'entrée.)

SATAN, s'approchant du public et à part.

Je crois avoir été très-malin en prenant ce costume d'inspecteur primaire... Le magister!... Attention!... (Toussant pour avertir de sa présence.) Hem!... hem!...

LE PÈRE TOBY, surpris.

Hein!... un étranger!...

SATAN, à part.

Cachons-lui mon plan! (Haut.) C'est vous qui êtes le père Toby?

LE PÈRE TOBY.

C'est moi-même.

SATAN.

Maître d'école à Bolbec, Seine-Inférieure?

LE PÈRE TOBY.

Oui, môsieu... je tiens une classe de jeunes filles.

SATAN, à part.

De jeunes filles... c'est bien ça!

LE PÈRE TOBY.

Mais, sauf vot' respect, quéqu' y a pour vot' service?... Est-ce que vous avez une élève à me confier?

SATAN.

Non, je viens tout bêtement inspecter les vôtres.

LE PÈRE TOBY.

Vous êtes inspecteur?...

SATAN.

Primaire.

LE PÈRE TOBY.

Ah!... pardon!... (Se confondant en salutations.) C'est bien de l'honneur pour mé!

SATAN.

Couvrez-vous donc... Je viens voir comment vous instruisez les jeunes filles de ce village... êtes-vous content?

LE PÈRE TOBY.

Oui, assez... et si ça n'était qu'elles me volent mes pommes...

SATAN, à part.

Des filles d'Ève, bravo! (Haut.) Je compte assister à la leçon. N'est-ce pas l'heure à laquelle vos écolières vont venir?

LE PÈRE TOBY.

Si fait!... elles ne peuvent tarder... Et, tenez, en v'là déjà une.

SCÈNE II.

LES MÊMES, CLAQUETTE.

CLAQUETTE, entrant.

Bonjour, père Toby!

LE PÈRE TOBY.

Bonjour, mon enfant!

SATAN, à part.

Ce n'est point celle que je guigne.

CLAQUETTE, avec volubilité.

Ça va bien, père Toby?... Merci, moi de même... J'arrivons
d'bonne heure, pas vrai? Je vas vous expliquer pourquoi...
Figurez-vous qu'à ce matin...

LE PÈRE TOBY, l'interrompant.

C'est bon!... c'est bon!... tu me conteras ça plus tard...
(A Satan.) C'est Claquette... un sobriquet qu'on y a donné
parce qu'elle est un peu bavarde...

CLAQUETTE.

Bavarde!... moi?... Eh ben, c'est possible!...

Air de l'*Ambassadrice*.

Oui, des caquets, moi, je suis folle,
Et babiller, v'là mon plaisir ;
L' bon Dieu m'a donné la parole,
Et, ma foi, c'est pour m'en servir.
  Aussi, dès le matin
  Je me mets en train.
  Si je m' tais, soudain
  La langue me démange.
  J' parle en travaillant,
  J' parle quand je mange,
  Et même on prétend
  Que j' parle en dormant.
  Mais, pour m'excuser,
  Si j'aime à causer,
  Si j'aime à jaser,
  Je tiens de ma mère ;
  C'est pas étonnant,
  Elle était meunière,
  J'entendais souvent
  Not' moulin à vent.
  Si j' parle à présent,
  C'est qu'en grandissant
  J'ai de not' moulin
  Conservé l' refrain !
  Oui, l' fait est certain,
  Ma langue, à la fin,
  A de not' moulin

Conservé l' refrain ;
J'ai gardé l' refrain,
L' refrain
Du moulin ;
Oui, le fait est certain,
J'ai conservé son refrain.

LE PÈRE ROBY, à Satan.

La !... l'entendez-vous ?...

SATAN.

Elle est gentille... loquace, mais gentille !...

LE PÈRE TOBY.

Oui... elle a la beauté du diable.

SATAN, étonné.

Hein !... plaît-il ?... La beauté du...

SCÈNE III.

LES MÊMES, MADELON, JEANNETTE, NICOLE, TAPOTTE, CATICHE, et ensuite LA ROUSSOTTE.

CHOEUR.

Air : *Ali, alo* (BELBOUL).

Nous v'là ! (*bis*)
C'est l'ordre de papa.
Faut qu'on vole
A l'école !
Prenons
Nos l'çons,
Après ça
L'on jouera,
Et l'on s'amusera !
Nous v'là ! (5 *fois.*)

MADELON, mangeant.

Vot' servante, m'sieu l' maître d'école, et la compagnie !

LE PÈRE TOBY.

Ah ! ah ! c'est toi, Madelon ?...

SATAN, à part.

C'est pas non plus celle que je guigne !

LE PÈRE TOBY

Encore à manger !... toujours la bouche pleine !...

MADELON.

Dame !... faut ben qu' je m' soutienne.

LE PÈRE TOBY, la présentant à Satan.

Madelon Graindorge... Une assez bonne fille quoiqu'un brin gourmande.

SATAN.

Elle n'est pas mal non plus...

LE PÈRE TOBY.

Oui... c'est jeune... ça a la beauté du diable.

SATAN, très-surpris.

Ah bah!... Elle aussi ?...

JEANNETTE.

La beauté du diable !... Tiens !... on dit que je l'ons itou.

NICOLLE, TAPOTTE ET CATICHE.

Et moi itou!... et moi itou !...

TOUTES.

Et moi itou !

SATAN, stupéfait.

Et elles itou!.. Ah çà! mais, dans ce pays, elles ont donc la beauté du diable?

LA ROUSSOTTE, entrant.

Pardine!... nous sommes comme ça une potée.

SATAN.

Une potée?...

LA ROUSSOTTE.

Même que j' l'avons aussi, moi, la beauté du diable.

SATAN.

Toi?... (A part.) Encore une !

LA ROUSSOTTE.

Oui, moi Jacqueline, dite la Roussotte, à cause de mes cheveux d'or.

LES PAYSANNES, riant.

Ah! ah! ses cheveux d'or !

SATAN.

Eh bien, et l'autre?

LES PAYSANNES.

L'autre ?...

LE PÈRE TOBY.

Quelle autre ?...

SATAN, à part.

Ne nous trahissons pas. (Haut.) Une villageoise dont j'ai ouï parler de par le monde... Une gardeuse de dindons.

LE PÈRE TOBY.

Ah! bon !... Vous voulez dire Fanchette Piton ?

LA ROUSSOTTE.

Ma sœur de lait !...

MADELON, regardant au fond.

Tenez, la v'là qui vient par ici.

LES PAYSANNES, criant.

Hé !... Fanchette !... Fanchette !...

CLAQUETTE.

Arrive donc, flâneuse!

SCÈNE IV.

LES MÊMES, FANCHETTE.

FANCHETTE, entrant.

Me v'là !... me v'là !...

SATAN, à part.

C'est elle !...

LE PÈRE TOBY.

Tu viens bien tard aujourd'hui, fillette ?

FANCHETTE.

Excusez, père Toby... c'est qu'y fallait que j' donne du grain à mes volailles... Ces bêtes-là, c'est goulu tout plein... et *ostiné* donc !

CLAQUETTE, bas aux autres.

Et puis, en fait d' dindons, peut-être ben qu'elle aura rencontré le p'tit jeune homme du château.

LE PÈRE TOBY.

Hein !... Quéqu' tu dis, toi ? encore des clapots ?... (A Fanchette.) Allons, approche, petiote, et fais la révérence à m'sieur l'inspecteur.

TOUTES, s'approchant.

Un inspecteur !...

SATAN.

Primaire.

FANCHETTE, à part.

Ah ! qu'il est vilain !...

LE PÈRE TOBY, à Satan.

Elle est avenante, pas vrai ?

SATAN.

Oui... c'est une rude fille... fraîche et rose... (A part.) Comme j'étais jadis !... (Haut.) Mais comment se fait-il que toutes ces jeunesses...

LE PÈRE TOBY.

Aient la beauté du diable ?... Ah ! ma fine, là-dessus...

FANCHETTE.

Je n' savons que c' qu'on dit dans l' pays.

SATAN.

Et que dit-on ?

LE PÈRE TOBY.

Voyons, Fanchette, conte ça à monsieur...

FANCHETTE.

Moi ?... Ben volontiers !...

SATAN.

J'écoute.

LA ROUSSOTTE.

Vas-y, Fanchette !...

FANCHETTE.

Air nouveau de M. MANGEANT.

V'là dix-huit ans, prétend-on,
Que l' jour où je vins au monde,
Une fée, en ce canton,
Secrèt'ment faisait sa ronde ;
Or, on dit qu'ell' s'écria,
En riant d'un rire effroyable,
Dont au loin l'écho trembla :
« Je donn' la beauté du diable
A la fillett' qui naîtra ! »
        Oui, v'là la chose
Qu'ici chacun vous racont'ra ;
        Et l'on suppose
            Que, comm' ça,
        Tout se passa.
La sorcière s'écria :
« Celle aujourd'hui qui naîtra
        S'ra mariable,
        Et du diable
C'est la beauté qu'elle aura !... »
        ENSEMBLE.
    Oui, l'on suppose, etc.

SATAN.

Je comprends... continuez !...
            LA ROUSSOTTE.

Revas-y, Fanchette !...

FANCHETTE.

DEUXIÈME COUPLET.

La fée, après ce discours,
Disparut dans la clairière.
Mais le ciel trompe toujours
Les calculs d'une sorcière.
Ce jour-là, huit noms s' plaçaient
Sur le r'gistr' de la commune,
Huit pèr's se réjouissaient ;
Car, dans l' village, au lieu d'une,
C'est huit filles qui naissaient.
        Oui, v'là la chose
Qu'ici chacun vous racont'ra,
        Et l'on suppose
            Que, comm' ça,
        Tout se passa.
C' qui fait, on le comprendra,
Qu'au lieu d'un' seul' fille, oui-da,
        Dans l' village,
        En partage,
J'avons tout's c'tte beauté-là !

CHŒUR.
Oui, l'on suppose, etc.

SATAN, à part.

Bigre! huit jeunes filles au lieu d'une!.. ça se corse!... (Cris et rires au dehors.)

LE PÈRE TOBY.

Ah! j'entends not' marmaille.

LA ROUSSOTTE, reboutant.

Par ici, les moucheronnes!

SCÈNE V.

LES MÊMES, QUELQUES AUTRES PAYSANNES, petites filles
de tout âge.

TOUTES LES PETITES FILLES, gambadant autour du père Toby.

Bonjour, père Toby!... bonjour, père Toby!...

LE PÈRE TOBY.

C'est bien!... c'est bien!... pas tant de vacarme... la classe va commencer... A vos bancs, mesdemoiselles!

TOUTES.

A nos bancs!...

SATAN, à part.

Et moi, observons!... (Toutes les élèves se placent en tumulte sur les bancs qui sont de chaque côté de la classe. — Le père Toby monte sur son estrade et s'assied devant son pupitre. — Satan s'assied sur le devant, à droite.)

LE PÈRE TOBY, après avoir frappé sur son pupitre pour obtenir le silence.

Occupons-nous d'abord des exercices grammaticaux... Voyons, Claquette, levez-vous et répondez!... (Claquette se lève de mauvaise grâce.) Qu'est-ce qu'une conjugaison?

CLAQUETTE.

Une conjugaison?... une conjugaison?...

LA ROUSSOTTE, l'imitant.

Une conjugaison?...

FANCHETTE, bas.

Réponds donc!

LE PÈRE TOBY.

Eh bien?...

CLAQUETTE.

C'est... c'est... (Elle s'arrête et garde le silence.)

LA ROUSSOTTE.

C'est!... Al' sait pas quoi qu' c'est!

CLAQUETTE.

C'est la Roussotte qui m'empêche de répondre!

LE PÈRE TOBY.

A présent qu'on lui dit de parler, elle n'a pas d'langue... (Une grande rumeur s'élève tout à coup sur un des bancs.) Eh bien, qu'est-ce qu'il y a?

MADELON.

M'sieu, c'est Catiche qui me fourre des z-hannetons dans l'dos.

CATICHE.

Moi?... C'est pas vrai!... c'est Jeannette!...

TOUTES LES PAYSANNES.

Non!... non!... Si!... si!...

LE PÈRE TOBY.

Des z-hannetons!... J'avais défendu d'en introduire ici!... Mamselle Catiche, si vous recommencez, je vous mets en pénitence!...

CATICHE.

Mais, m'sien...

LE PÈRE TOBY.

Silence!... (A Claquette, qui est restée debout.) Conjuguez-moi le verbe s'ennuyer.

CLAQUETTE, très-vite.

Je m'ennuie, tu t'ennuies, il ou elle s'ennuie...

FANCHETTE, la soufflant.

Nous nous ennuyons...

CLAQUETTE.

Nous nous ennuyons, vous nous ennuyez...

TOUTES, riant.

Vous nous ennuyez...

LE PÈRE TOBY.

Hein!... (Nouvelle rumeur.) Encore!...

SATAN, à part.

Elles vont bien, les Cauchoises!...

LA ROUSSOTTE, se levant.

M'sieu, c'est Tapotte qui disait comme ça que j'avais pas d'père!

TAPOTTE.

Menteuse!...

LE PÈRE TOBY, sévèrement.

Mamselle Tapotte!...

LA ROUSSOTTE, à Tapotte.

Des pères!... j'en ai pus qu' toi!

TAPOTTE.

Des sottises!... Tiens!... (Elle lui donne une bourrade: la Roussotte répond par un coup de poing.)

SATAN, à part.

Une rixe!... un pugilat!...

LE PÈRE TOBY.

Se battre... devant M. l'inspecteur!... (A la Roussotte et à Tapotte.) Je vous flanque toutes les deux en retenue...

LA ROUSSOTTE.

Mais...

LE PÈRE TOBY.

Silence !... Levez-vous, la Roussotte! (La Roussotte se lève.)
Avez-vous appris votre leçon?

LA ROUSSOTTE.

J'ai pas eu l' temps... not' vache était en couches...

FANCHETTE.

C'est pas vrai ! elle n'a que des lapins !

CLAQUETTE.

Pas vrai ! elle n'a qu'eune ânesse !

LA ROUSSOTTE.

Anesse toi-même!... (Rumeur sur les bancs.)

LE PÈRE TOBY.

Silence, grande paresseuse !... Mettez-vous à genoux !

LA ROUSSOTTE.

A genoux !... moi?...

LE PÈRE TOBY.

Au milieu de la classe !... Allons, *feignante*, obéissez !...

LA ROUSSOTTE, avec colère.

Cré coquin !... (Rumeur sur les bancs. Elle se met à genoux.)

SATAN, à part.

Elles vont très-bien, les Cauchoises! (Rires.)

LE PÈRE TOBY, d'un ton solennel.

Silence!... Que ceci vous serve d'exemple, mes enfants!...
Voyez où conduit la paresse !...

LA ROUSSOTTE, sanglotant.

Pisqu' not' vache était en mal d'enfant!...

FANCHETTE.

C'est pas vrai, monsieur !

LE PÈRE TOBY.

Silence !... Ne m'interrompez pas !... (Aux élèves, reprenant.)
La paresse est la mère de tous les vices!... Profitez de mes
préceptes!... travaillez, soyez sages !...

SATAN, à part.

Oh ! oh! trop de morale, mon bon homme!... A moi, Belphégor !...

LE PÈRE TOBY, continuant.

Et souvenez-vous que le moyen d'être heureux dans ce bas
monde, c'est... (Le siége sur lequel est assis le père Toby tourne tout à
coup, disparaît dans la muraille, et Belphégor, exactement semblable de visage,
de vêtements, de voix au vieux maître d'école, se trouve assis devant le
pupitre.)

SCÈNE VI.

LES MÊMES, moins le père TOBY, BELPHÉGOR.

BELPHÉGOR, continuant la phrase commencée par le père Toby.

C'est la joie et le plaisir.

TOUTES LES PAYSANNES.

Comment ?...

FANCHETTE, à part.

Qu'est-ce qu'il dit donc là?...

SATAN, à part.

Bravo !

BELPHÉGOR.

Oui, mes jeunes poulettes, le plaisir et la joie, je ne connais que ça !... Et landérirette !... et landérira !...

SATAN, à part.

Bravo, Belphégor !

FANCHETTE, à part.

Ah ! miséricorde !... qué changement !...

BELPHÉGOR.

Je lève les punitions !... je lève la classe !... (Il se lève.)

LES PAYSANNES, quittant les bancs, et, avec joie.

Ah !...

BELPHÉGOR.

Faut s'amuser un brin dans la vie de ce monde !... Eh ! eh ! eh ! mes petits lapins, je n'ai pas toujours eu cent deux ans !... Moi aussi, j'en ai eu dix-huit !... moi aussi, j'en ai croqué des petites pommes !... et des petites poulettes !... Ah ! dame !... c'est que j'avais des dents pour croquer les pommes... et des jambes pour courir après les poulettes !... (Lutinant les jeunes filles.) Eh ! eh ! eh ! fallait voir ça !... Et landérirette !... et landérira !...

LES PAYSANNES.

Oh ! est-y farce ! est-y farce !

BELPHÉGOR.

Air de *Bonhomme* (NADAUD).

J'étais le coq du village,
D'mandez à vos grand'mamans ;
On me r'luquait au passage,
D'mandez à vos grand'mamans.
Dans l' petit bois en cachette,
D'mandez à vos grand'mamans...
J'ons bien cueilli la violette,
D'mandez à vos grand'mamans.
Ah ! comme
Le vieux bonhomme,
Amusez-vous, mes enfants,
On n'a pas toujours vingt ans.

TOUTES.

On n'a pas toujours vingt ans.

LA ROUSSOTTE, et les autres.

Vive le père Toby !

BELPHÉGOR.

Allez vous amuser au jardin !...

LES PAYSANNES.

Au jardin !... au jardin !...

ENSEMBLE.

Air des *Barbettes*.

Plus d' leçons !… la classe est finie !
Au jardin
Courons
Courez   toutes soudain !
En avant les jeux, la folie !
Doux loisir !
Ne songeons
Ne songez   qu'au plaisir !
(Toutes les jeunes filles sortent en dansant par le fond.)

SCÈNE VII.

SATAN, BELPHÉGOR, puis MADAME SATAN.

(Dès que les écolières sont parties, Belphégor se redresse et prend sa démarche
et sa voix naturelles.)

SATAN.

Eh bien ?…

BELPHÉGOR.

Eh bien ?…

SATAN.

Tu connais la situation ?…

BELPHÉGOR.

Parbleu !…

SATAN.

La beauté du diable…

BELPHÉGOR.

Est tirée à huit exemplaires.

SATAN.

Ça multiplie la difficulté !

BELPHÉGOR.

Au contraire !… Nos huit paysannes se perdront les unes
par les autres !… C'est connu, c'est de la rengaine, toutes les
femmes se perdent entre elles.

SATAN.

Que vas-tu faire ?

BELPHÉGOR.

D'abord, les conduire à Paris.

SATAN.

A Paris !… Pourquoi ?

BELPHÉGOR.

Tu me le demandes, toi, Satan ? — Laisse-moi te tutoyer,
c'est une habitude de théâtre…

SATAN.

Tutaye-moi, ça m'est égal ! (Lui serrant la main.) Ma vieille…
(A part.) Ça le flatte ! (Haut.) Mais pourquoi à Paris ?

BELPHÉGOR.

Mais, parce que Paris est le foyer de toutes les passions, de toutes les séductions, de toutes les tentations... Parce que c'est un gouffre où l'on perd vite la fraîcheur, la jeunesse... En un mot, la beauté du diable !...

SATAN.

C'est juste !... Excellente idée !...

MADAME SATAN, entrant tout à coup.

Ah ! je vous trouve, enfin !...

SATAN, stupéfait.

Augustine !...

BELPHÉGOR.

Sa femme !...

SATAN.

Elle s'est réveillée !... (A madame Satan.)

Corbleu, madame,
Que faites-vous ici ?

MADAME SATAN.
J' viens protéger
Mes petites amies.

(Éclatant.) Oui, monstre, je connais vos projets diaboliques ; mais j'arrive à temps pour les déjouer.

BELPHÉGOR.

Ah ! fichtre !...

SATAN, se contenant.

Augustine, vous le savez, je suis d'un tempérament bi-lioso-nervoso...

MADAME SATAN.

Je m'en moque !

SATAN, de même.

Augustine, les soins du ménage vous réclament... Vous avez à me confectionner des gilets de flanelle...

MADAME SATAN.

Qu'est-ce que ça me fait ?

SATAN.

A c't enfer, madame !... à c't enfer, tout de suite !...

MADAME SATAN.

Plus souvent !... Je reste !... je m'attache à vos pas... comme un carlin !...

SATAN.

De la rébellion !...

MADAME SATAN.

Oui, oui, oui !...

BELPHÉGOR, bas à Satan.

Si je la remagnétisais ?...

SATAN, lui serrant la main.

Inutile, ami !... J'ai un true !

BELPHÉGOR, bas.

Un truc !...

SATAN, bas.

Tu vas voir !... (Haut, à madame Satan.) Une fois, deux fois,
partirez-vous?...

MADAME SATAN.

Non !...

SATAN.

Ah ! c'est comme ça !... (Marchant vers elle.)

Air :

Méfiez-vous !... mon sang bout, et le nez me picote!
Décampez !...

MADAME SATAN, reculant vers la gauche.
Scélérat !...

SATAN.
Décampez !...

MADAME SATAN, reculant toujours.
Vieux gredin !

SATAN.

Oui, filez!...

MADAME SATAN.
Non, je reste!...

SATAN.
Et moi, je t'escamote.
A ma voix disparais, comm' chez Robert Houdin !
(Il fait un geste ; madame Satan glisse vers la gauche, et disparaît dans la
muraille.)

MADAME SATAN, disparaissant en jetant un cri.

Ah !...

SATAN, tranquillement à Belphégor.

Voilà le truc !...

BELPHÉGOR.

Parfait!... (Rires des jeunes paysannes en dehors.) J'entends nos
jeunes filles!... Retire-toi et laisse-moi faire.

SATAN.

Je sors !... Astuce et mystère !

BELPHÉGOR.

Convenu!... pars !... Ah! comme c'est canaille ce que je
fais là !... (Satan sort par la gauche. Belphégor se tient à l'écart.)

SCÈNE VIII.

**BELPHÉGOR, FANCHETTE, LA ROUSSOTTE, CLAQUETTE,
NICOLE, MADELON, CATICHE, TAPOTTE et JEANNETTE.**

Elles entrent en mangeant des pommes et des noix.

CHŒUR.

Air de *Fortunio.*

TOUTES.
Des noix et des pommes.

FANCHETTE.
Des noix et des pommes,
TOUTES.
Quel festin charmant!
FANCHETTE.
Quel festin charmant!
TOUTES.
Normand's que nous sommes,
FANCHETTE.
Normand's que nous sommes,
TOUTES.
Croquons-les gaîment!
FANCHETTE.
Croquons-les gaîment!
Pour nous la sagesse
C'est du bien perdu;
Nous mordons sans cesse
Au fruit défendu.

REPRISE.

Des noix et des pommes, etc.

CLAQUETTE, riant et montrant des pommes.
Ah! ah! ah!... j'en ai-t-y cueilli!
MADELON, montrant des noix.
J'en ai-t-y gaulé!...
TOUTES, de même.
Et moi donc!... et moi!
LA ROUSSETTE.
Qué carnage, Seigneur Dieu!... qué carnage!...
FANCHETTE.
Chut!... Taisez-vous donc!...
CLAQUETTE.
A-t-elle une voix!...
FANCHETTE.
Si le père Toby nous entendait...
CLAQUETTE.
C'est juste!... il se fâcherait tout rouge.
FANCHETTE.
Y serait furieux!
BELPHÉGOR, reprenant la démarche et la voix du père Toby, et s'approchant.
Furieux!... Et à cause donc?
TOUTES, interdites.
Oh!..
FANCHETTE, à part.
Le v'là!...
LA ROUSSOTTE, à part.
Pincées!...

BELPHÉGOR.

Parce que vous avez chippé dans le jardin un demi-cent de noix et quéqu' mauvaises pommes?... N'y a pas de mal à ça, mes enfants... n'y a pas de mal à ça !...

TOUTES, étonnées.

Hein !...

FANCHETTE, à part.

Il nous excuse!

LA ROUSSOTTE, à part.

Y n' se met point en colère!...

BELPHÉGOR.

Amusez-vous, régalez-vous, mes fillettes, pendant que vous êtes jeunes...

TOUTES.

Ah bah !...

FANCHETTE.

Mais, hier encore, vous nous défendiez...

BELPHÉGOR.

C'était une frime !...

CLAQUETTE.

Vrai!... Quand vous nous faisiez de la morale?...

MADELON.

Quand vous nous prêchiez le travail, la sagesse?...

BELPHÉGOR.

Une frime!... toujours une frime !...

TOUTES.

Tiens! tiens!

LA ROUSSOTTE, à part.

Il s'est cogné à la tête, bien sûr !...

BELPHÉGOR.

Oh! quand mon petit-fils sera ici, c'est pour lors qu'on rigolera.

FANCHETTE.

Vot' petit-fils?

BELPHÉGOR.

Un fameux boute-en-train, allez !... Il vous contera des contes... Il vous apprendra les danses de Paris.

TOUTES, avec joie.

Les danses de Paris!...

BELPHÉGOR.

La polka, la friska, la chamouska...

TOUTES.

La chamouska'!...

LA ROUSSOTTE.

Ça doit être rudement distingué.

FANCHETTE, au père Toby.

Et quand donc qu'il doit arriver?...

BELPHÉGOR.

Je l'attends aujourd'hui même.

TOUTES.

Aujourd'hui?...

BELPHÉGOR.

Et, tenez... j' crois que je l'entends. (Il s'éloigne par le fond.)

TOUTES, allant vers le fond.

M. Timoléon?...

FANCHETTE.

M. Timoléon?... Mais je ne le vois point!

MADELON.

Ni moi!

LES AUTRES.

Ni moi! ni moi!

LA ROUSSOTTE.

Ah! si, je crois que je le vois... Non, c'est un âne qu'est au bout du jardin. (Rires.)

CLAQUETTE.

Un âne? Ça n' peut pas ê're lui.

LA ROUSSOTTE.

On n' sait pas, quéqu'fois... c'est peut-être un âne savant. (Rires.)

FANCHETTE, redescendant.

Ah çà! où qu'il est donc, c' beau M. Timoléon?

BELPHÉGOR, rentrant en costume d'étudiant.

Timoléon!... Qu'est-ce qui demande Timoléon?... qu'est-ce qu'on veut?... qu'est-ce qu'on désire?... Présent! Timoléon!... Ohé!... hup!... (Il prend une pose chorégraphique.)

TOUTES LES JEUNES FILLES, se retournant et avec surprise.

Tiens!...

CLAQUETTE.

C'est lui!...

FANCHETTE.

Par où donc qu' vous êtes venu?

BELPHÉGOR.

Par le petit verger, parbleu!

LA ROUSSOTTE.

Et le père Toby?

BELPHÉGOR.

Parti... évaporé... volatilisé... pour aller chercher du cidre à la cave!... Ohé!... hup!... (Nouvelle pose.)

TOUTES, riant.

Ah! ah! ah!

MADELON ET LES AUTRES.

Est-y drôle!

CLAQUETTE.

Est-y farce!...

BELPHÉGOR.

C'est l'effet de mon voyage à Paris. (Avec chaleur.) Ah! Paris, mes enfants, quel séjour miroitant, épatant, étourdissant!

et mirobolant!... C'est là que vous devriez aller, au lieu de
moisir dans cette bicoque.

FANCHETTE.

Aller à Paris?...

CLAQUETTE.

Et de l'argent?...

BELPHÉGOR.

Bah!... avec ces figures-là, vous feriez fortune... illico!

TOUTES.

Vraiment?...

BELPHÉGOR.

Air de la Complainte du Pont des Soupirs.

Paris, c'est un paradis, -
Ou sur la soie et les rubis
On roule!

ENSEMBLE.

Roule, roule, roule, roule, roule!

BELPHÉGOR.

C'est un joyeux festival ;
La vie en un long carnaval
S'écoule...

ENSEMBLE.

Coule, coule, coule, coule, coule.

BELPHÉGOR.

Pour trouver le paradis,
Courez, courez à Paris.

ENSEMBLE.

Pour trouver le paradis,
Il faut courir à Paris.

BELPHÉGOR.

DEUXIÈME COUPLET.

Là, les perdreaux tout rôtis
Tombent du ciel comme au pays
D'Cocagne...

ENSEMBLE.

Cagne, cagne, cagne, cagne, cagne.

BELPHÉGOR.

Gratis pour les amateurs,
On voit sauter chez les traiteurs
L'champagne.

ENSEMBLE.

Pagne, pagne, pagne, pagne, pagne!

BELPHÉGOR.

Pour goûter cliquot, perdrix,
Courez, courez à Paris!

ENSEMBLE.

Pour goûter cliquot, perdrix,
Il faut courir à Paris!

BELPHÉGOR.

TROISIÈME COUPLET.
Dans une calèche au mois,
La beauté, chaque jour, au bois,
S' pavane!

ENSEMBLE.
Vane, vane, vane, vane, vane.

BELPHÉGOR.
Et chacun vous offre là
Son cœur avec un *cig.* de la
Havane...

ENSEMBLE.
Vane, vane, vane, vane, vane.

BELPHÉGOR.
Pour trouver de bons maris,
Courez, courez à Paris!

ENSEMBLE.
Pour trouver de bons maris,
Il faut courir à Paris!

BELPHÉGOR.

Et les danses, donc!

TOUTES.

Les danses?

LA ROUSSOTTE.

Ah! oui, la *chamouska?*

BELPHÉGOR.

La valse à deux temps... et tout le tremblement! Allez, les pistons!... en avant les chaloupeurs et cabrioleurs!...Balancez vos biches!... hup! hé! hup! là!...

BELPHÉGOR.

QUATRIÈME COUPLET.
Mabille et l' Château des Fleurs,
C'est là que fleuriss'nt les danseurs
Ingambes...

TOUTES.
Gambes, gambes, gambes.

BELPHÉGOR.
Quels pas supercoquencieux!
Chacun tricotte à qui mieux mieux
Des jambes.

TOUTES.
Jambes, jambes, jambes.

BELPHÉGOR.
Pour sauter comm' des cabris,
Courez, courez à Paris.

TOUTES.
Pour sauter comm' des cabris,
Il faut courir à Paris!

BELPHÉGOR.

Ohé!... hup!...

TOUTES, l'imitant.

Ohé!... hup!...

FANCHETTE.

Des danses!...

MADELON.

De bon dîners!...

CATICHE.

De beaux affiquets!...

CLAQUETTE.

Et des maris par-dessus le marché!...

BELPHÉGOR.

Tout par-dessus le marché!... (A part.) Ça mord!

LA ROUSSOTTE.

Ça m'est égal, je n'aime que l'eau-de-vie de cidre!

CLAQUETTE.

Tout ça, c'est bien tentant, et, ma foi!...

BELPHÉGOR.

Eh bien?...

CLAQUETTE.

Ma foi! j'ai bien envie d'accepter.

TOUTES, excepté Fanchette.

Et moi itou! et moi itou!

MADELON, à Fanchette.

Fanchette, qu'en dis-tu?

BELPHÉGOR, à Fanchette.

Eh bien, la belle Fanchette, qu'en dites-vous?...

FANCHETTE.

Dame!... j' dis que c'est ben gentil... tout d' même... Rien que d'y penser, je m' sens toute frétilleuse... Mais...

BELPHÉGOR.

Mais?...

FANCHETTE.

Mais, quoiqu' ça, je ne pars point... je reste.

TOUTES.

Ah!...

BELPHÉGOR, à part.

C'est ce qu'il faudra voir!

CLAQUETTE.

Bon, bon! je devine bien pourquoi!...

FANCHETTE.

Qué que tu veux dire?...

CLAQUETTE.

Suffit! Mais nous qui n'avons pas les mêmes motifs, nous filons à Paris!

TOUTES.

Oui, oui, à Paris!...

BELPHÉGOR.

Allez faire vos apprêts!

TOUTES, excepté Fanchette.

A nos apprêts!

REPRISE DU REFRAIN PRÉCÉDENT.

CHOEUR.

Pour trouver le paradis,
Courons, courons à Paris.

BELPHÉGOR.

Pour trouver le paradis,
Courez, courez à Paris.

(Toutes les paysannes sortent par le fond, excepté Fanchette. La musique continue piano à l'orchestre.)

SCÈNE IX.

FANCHETTE, BELPHÉGOR, SATAN.

FANCHETTE, à part, sur le devant du théâtre.

Oh! oui... qu'elles partent, si ça leur convient... Moi, c'est différent... je ne quitte pas le pays... (Elle reste pensive.)

SATAN, bas à Belphégor, au fond.

Enfer !... Si une seule nous échappe, je suis fichu !

BELPHÉGOR, bas.

Ne crains rien !... elle cédera... elle aime...

SATAN, bas.

Qui donc ?...

BELPHÉGOR, bas.

Un petit bêta de collégien... le fils d'un richard des environs... Bébé de La Chicardière.

SATAN, bas.

A nous le Bébé !... (Il fait un geste.)

BELPHÉGOR, bas.

Le voici !... Éloignons-nous !...

SATAN.

Astuce et mystère !...

BELPHÉGOR, à part.

C'est égal, c'est bien canaille!... (Ils sortent par la gauche. — Bébé de La Chicardière, en costume de collégien, paraît au fond. — La musique s'arrête.)

SCÈNE X.

FANCHETTE, BÉBÉ.

BÉBÉ, entrant par le fond.

C'est l'heure de la récréation... si je pouvais... (Apercevant Fanchette.) C'est elle! Ah! Fanchette... je suis bien content ! (Il s'approche. Il l'embrasse par derrière, sur le cou.)

FANCHETTE, surprise et jetant un cri.

Ah! monsieur Bébé... ici ?

BÉBÉ.

Oui... c'est moi... J'ai filé du château pour te voir... ma tante ne m'a pas vu, sans cela, elle m'aurait collé...

FANCHETTE, naïvement.

Tiens ! c'est drôle, justement je pensais à vous !

BÉBÉ.

Tu pensais à moi, Fanchette ? (A part.) Elle pensait à moi, Fanchette. (Haut.) Et moi aussi, je pense joliment à toi, va !...

FANCHETTE.

Vrai ?...

BÉBÉ.

Je suis comme Catulle, moi, je sens que j'aime les femmes!

Air de *la retraite*.

Oui, ce Catulle adorait sa Lesbie,
Et de Lydie
Herac', dit-on, était très-amoureux.
Avec toi, moi, je veux,
Me conduisant comme eux,
Prouver dans la pension
Qu' j'ai profité de mon éducation.
(Il l'embrasse.)

FANCHETTE.

V'là qu' vous faites comme M. Catulle !... C'est ben honnête pour moi, monsieur Bébé.

BÉBÉ.

D'abord, j'écris ton nom partout dans le parc à ma tante ; je l'ai gravé *sub tegmine fagi*...

FANCHETTE.

Hein ! vous dites ?...

BÉBÉ.

C'est du latin... Ça veut dire sur l'écorce d'un chêne...

FANCHETTE.

Vous avez mis mon nom sur un arbre ?...

BÉBÉ.

Avec un cœur enflammé !...

FANCHETTE.

Ah ! mon Dieu, si votre tante voyait ça !...

BÉBÉ.

Ma tante !...

FANCHETTE.

Elle qui est si fière, si entichée de sa noblesse.

BÉBÉ.

Sa noblesse !...Je m'en fiche pas mal!...et puis d'abord, moi, si on m'empêche de t'épouser... je battrai tout le monde... C'est que je suis fort, moi. L'autre fois, il y a un grand qui m'a appelé moucheron, je lui ai flanqué des calottes... le pion m'a collé... je lui ai allongé un grand coup de pied... au pion... Moi, je n'aime pas les pions. (Il l'embrasse.)

FANCHETTE.

Ah !... est-y aimable !...

BÉBÉ.

Je n'ai pas de préjugés, moi, c'est pas comme ma tante ;
elle m'embête, ma tante... Ce que j'ambitionne, c'est une
chaumière et ton cœur, voilà !... *Aurea mediocritas... O
fortunatos nimium, sua si bona norint agricolas !*

FANCHETTE.

Quoi que ça veut dire ?

BÉBÉ.

C'est encore du latin... c'est d'un nommé Virgile.

FANCHETTE.

Un monsieur du pays ?

BÉBÉ.

Non, il n'était pas du pays ; mais il aurait pu en être...
En v'là un qui est le cauchemar des élèves... (Changeant de
ton.) Mais c'est égal, va, j'ai bien du chagrin. (Il pleure très-
fort.)

FANCHETTE.

Vous, et à cause ?...

BÉBÉ.

Il va falloir nous séparer.

FANCHETTE.

Nous séparer ?...

BÉBÉ.

Les vacances sont finies... et faut que j'aille à Paris pour
passer mon *bachau...*

FANCHETTE.

Votre bachot ?... Vous allez être batelier ?

BÉBÉ.

Non, pas batelier... bachelier.

FANCHETTE.

Bachelier !... Et vous allez à Paris pour ça ?

BÉBÉ.

Dans une heure, je pars... (Pleurant.) Ma tante veut que je
passe mon bachau...

FANCHETTE.

A Paris !... Et moi qui refusais d'y aller !...

BÉBÉ.

Ah bah !

FANCHETTE.

Air de la *Chanson de Fortunio.*

Ne prévoyant pas vot' absence,
        Je refusais,
Et, dans ma crédule innocence,
        Je me disais :
J' suis ben aux champs, rien ne m'engage
        A les quitter,

Ici, dans mon pauvre village,
Je dois rester.
Près d' mes dindons, je voulais vivre ;
Ils sont si bons !
Mais, vous partez... et, pour vous suivre,
J' quitt' mes dindons!

FANCHETTE.

BÉBÉ.

Elle quitte ses dindons ! Comment, tu viens avec moi ?

FANCHETTE.

Oui, c'est décidé ! je vas à Paris !

BELPHÉGOR, à part, passant la tête par le cadran du coucou.

Bravo! j'ai réussi!... (Il disparaît.)

BÉBÉ, en chantant.

Ah ! que j'suis content !... que j'suis content, mademoiselle Fanchette !... Nous voyagerons ensemble... nous ne
nous quitterons plus...

SCÈNE XI.

Les mêmes, CLAQUETTE, MADELON, CATICHE, JEANNETTE,
LA ROUSSOTTE, TAPOTTE, NICOLE.

TOUTES, entrant avec des cartons, des paquets.

Ah ! nous voici !...

LA ROUSSOTTE, montrant son paquet.

J'ai pris mon petit baluchon.

CLAQUETTE.

M. Bébé !

BÉBÉ, timidement.

Oui, c'est moi, mesdemoiselles, je venais faire mes adieux
à Fanchette.

TOUTES.

Vos adieux ?...

BÉBÉ.

Oui, je pars pour Paris...

TOUTES.

Pour Paris!... Tiens!... nous aussi!...

CLAQUETTE.

Eh ben ! ça ne te décide pas, Fanchette ?...

FANCHETTE.

Au contraire !... je suis du voyage !...

TOUTES.

Ah ! bravo !... bravo !...

CLAQUETTE.

Enfoncé l'école !...

LA ROUSSOTTE.

Enfoncé l' père Toby !...

TOUTES.

Oui, oui... enfoncé l' père Toby !

CHŒUR.

Air de *l'Autruche*.

Eh! allez donc!
Sautez donc ! (*bis.*)
Et bancs, et grammaires,
Et dictionnaires!
Eh! allez donc!
Sautez donc (*bis.*)
Au diable l'école et la prison!
Sautez donc!

(Elles jettent en l'air les livres, les cahiers, renversant les bancs, et sortent en criant:) A Paris! à Paris!

SCÈNE XII.

LE PÈRE TOBY, puis MADAME SATAN, puis BELPHÉGOR.

LE PÈRE TOBY, accourant par la droite.

Ah! les vauriennes !... les scélérates !... Elles ont tout saccagé dans le jardin !... et ce désordre !... Seigneur de Dieu !... qué qu'y se passe donc?...

MADAME SATAN, accourant par le fond.

C'est lui !.. c'est ce Belphégor !... Ah ! gredin !... infâme histrion !... (Elle prend le père Toby au collet.)

LE PÈRE TOBY, criant.

Eh ben!... eh ben!... qué qu'y a encore?... qué que vous me voulez?

MADAME SATAN.

Vil coquin! qu'as-tu fait des jeunes filles qui étaient ici?

LE PÈRE TOBY.

Moi?... Mais, je n' sais pas... même que je les cherche...

MADAME SATAN.

Réponds!... ou je t'étrangle!... Où sont-elles?...

BELPHÉGOR, reparaissant en père Toby.

Au chemin de fer !...

MADAME SATAN.

Ah! ils étaient deux!

BELPHÉGOR.

En route pour Paris!... (Il disparaît.)

MADAME SATAN.

Avec lui!... avec Satan!... Oh! je les rattraperai! (Elle sort vivement par le fond, suivie du père Toby. L'orchestre joue l'air du galop express de Kolbremner. — Changement à vue.)

CINQUIÈME TABLEAU.

La station du chemin de fer de Bolbec. Une ligne de wagons au
fond. Rideau de campagne.

———

SCÈNE PREMIÈRE.

BELPHÉGOR, en chef de train; VOYAGEURS et VOYAGEUSES; puis
FANCHETTE, LA ROUSSOTTE, CLAQUETTE, MADELON,
CATICHE, JEANNETTE, TAPOTTE, NICOLE, et ensuite BÉBÉ
DE LA CHICARDIÈRE.

(Le galop de l'express continua piano à l'orchestre pendant toute cette scène.)

CHŒUR.

Vive la vapeur !
Qui nous emmène
Et nous entraîne !
Vive la vapeur !
C'est le bonheur
Du voyageur !

BELPHÉGOR, entrant pendant le chœur.
Première et seconde classes, en avant, messieurs, en avant !
(Coups de cloche annonçant le départ. — Au public.) M'y voici ! à nous les
petites paysannes ! (A deux voyageurs restés en arrière.) En avant,
en avant, messieurs ! (Il sort.)
CLAQUETTE, accourant avec les autres jeunes filles.
Et vite... vite... par ici !...
MADELON.
Dépêchons-nous, v'là qu'on sonne !
LA ROUSSOTTE, arrivant.
Et mon billet?... Qu'est-ce qu'a mon billet ?
FANCHETTE.
C'est moi ! viens donc !
TOUTES.
Viens donc, la Roussotte !
BELPHÉGOR, rentrant.
En voiture, les petites mères ! en voiture !
TOUTES, montrant leur billet.
Huit places, m'sieur le conducteur... huit places !
BELPHÉGOR.
Voyons, ne parlez pas toutes à la fois !... Troisième classe...
montez ! (Il ouvre un wagon.)

FANCHETTE, à part, près de la portière du wagon.

Et M. Bébé qui n'arrive pas!... Si on allait partir sans lui!...

BÉBÉ, accourant chargé de livres et d'une valise de voyage, etc., etc.

Ouf!... me voici!

FANCHETTE.

Ah! enfin... c'est vous!... Par ici... près de moi! (Elle monte.)

BÉBÉ.

Près d'elle!... ô bonheur! (Il monte.)

LA ROUSSOTTE, qui est restée la dernière.

Eh ben, et moi, oùs que j' vas me mettre?

TOUS, la tête à la portière.

Il n'y a plus de place!

LA ROUSSOTTE.

Pas de place?... (Courant de tous côtés.) Hé! dites donc, conducteur!... mettez-moi quéque part!

BELPHÉGOR, lui ouvrant un wagon.

Tenez, entrez là!

LA ROUSSOTTE, montant.

J'y serai-t-y bien, là-dedans?...

SCÈNE II.

LES MÊMES, MADAME SATAN.

MADAME SATAN, accourant toute essoufflée.

Ah! j'arrive à temps!

BELPHÉGOR, à part.

Madame Satan!...

MADAME SATAN.

Une place... vivement!... Une place... pour une faible femme!...

BELPHÉGOR.

Complet!... En route!... (Il donne un coup de sifflet. Au moment où le train va se mettre en marche, le wagon où est la Roussotte se transforme, et on la voit se défendant contre des sangliers domestiques.)

LA ROUSSOTTE.

On m'a mise avec les bestiaux! (Forté à l'orchestre. — Le rideau baisse.)

ACTE DEUXIÈME

SIXIÈME TABLEAU

LE MOULIN-ROUGE.

Le restaurant du *Moulin-Rouge*, aux Champs-Élysées : la grille au fond surmontée du petit moulin, à droite et à gauche, les cabinets de verdure ; autres tables au milieu.

SCÈNE PREMIÈRE.

CONSOMMATEURS, assis aux tables du milieu et dans les bosquets, DEUX GARÇONS puis SATAN.

CHŒUR.

Air de MANGEANT.

Quel repas
Plein d'appas !
Ce gai jardin
Et ce moulin,
Ces bosquets
Si coquets...
Vraiment,
Tout est charmant !

TOUS LES CONSOMMATEURS.

Garçon !... garçon !...

LES GARÇONS.

Voilà !

PREMIER CONSOMMATEUR.

L'addition !

LES GARÇONS.

Voilà, messieurs, voilà !

REPRISE DU CHŒUR.

Quel repas, etc.

(Deux consommateurs payent et sortent par le fond ; les garçons servent les autres dîneurs.)

SATAN, entrant avec un plat de fraises et à part.

Je crois avoir été très-malin, en entrant, sous le nom de Charles, chez M. Bardou, au Moulin-Rouge... Astuce et mystère !

UN JEUNE HOMME.

Garçon !... mes fraises !...

SATAN.

Voilà !... (A part.) Sous ce nouveau travestissement, je pour-
suis mon projet infernal.

LE JEUNE HOMME, se levant.

Eh bien, garçon, est-ce que vous ne m'entendez pas ?

SATAN.

Pardon, monsieur, j'entends parfaitement !

LE JEUNE HOMME.

Eh bien, alors, qu'est-ce que tu fais là... au lieu de nous
servir, imbécile ?... (Il lui enlève l'assiette des mains.)

SATAN.

Ah çà ! dites donc, vous, est-ce que vous vous imaginez que
l'on n'a que vous à penser ?

LE JEUNE HOMME.

Insolent !... (Il lui allonge un coup de pied.)

SATAN, au public.

Oh ! touché !... Comme je dissimule bien !...On me flanque
des torgnolles, on m'allonge des coups de pied, je ne bouge
pas, je ne dis rien ; je suis d'un fort... c'est flamboyant !...

UN CONSOMMATEUR.

Garçon, des cigares !

SATAN, sans bouger.

Voilà... cigares au deux !... Boum !... Comme je dis bien
boum !... Dans tout ca... je ne perds pas de vue mes petites
Cauchoises... Faut vous dire que, depuis pas mal de temps, à
Paris, elles donnent dans tous les plaisirs, elles gigottent dans
tous les bals, elles grignottent dans tous les restaurants, elles
passent les nuits, elles soupent, elles ingurgitent... enfin,
elles font la noce... et bientôt elles auront perdu cette beauté...
après laquelle je cours comme un Basque !...

LE CONSOMMATEUR.

Voyons... et ces cigares ?

SATAN.

Voilà !... (A part.) Aujourd'hui, elles doivent venir dîner au
Moulin-Rouge... C'est moi qui les servirai.

LE CONSOMMATEUR.

Ah çà!... est-ce que tu te fiches de moi, décidément?...
(Il le bouscule.)

SATAN, à part.

Il me rudoye !... je ne dis rien... je ne bouge pas !.. Qu'on
le remarque !... (Criant.) Bordeaux au 3 !... cigares au 2 !... addition au 4 !.. Versez pavillon !... Boum !... (A part.) Comme
je dis bien boum !... (Il sort par le côté ; on entend au dehors des cris
joyeux, et les jeunes filles, vêtues à la dernière mode, paraissent à la grille et
entrent dans le jardin.)

SCÈNE II.

Consommateurs, CLAQUETTE, MADELON, CATICHE, JEAN-
NETTE, NICOLE et TAPOTTE ; elles fument des cigarettes.

CHOEUR.

Air de *la Piémontaise.*

Vive Paris !
C'est l'asile
Du plaisir facile :
Rire, aimer, tout est permis
Dans ce gai paradis !

LES JEUNES FILLES.

Ohé ! garçon... ohé !...

CATICHE.

Que de monde à ces courses du bois de Boulogne !

JEANNETTE.

Tous ces messieurs du petit cercle étaient là...

NICOLE.

Ah çà ! dites donc, Zoé Pigache s'est donc rabibochée avec
le vicomte? (On rit.)

CLAQUETTE.

Oh ! la Pigache... Avez-vous vu cette toilette... mes dames?...
Un chapeau mauve avec de la groseille !... et cette robe... ma
femme de chambre n'en voudrait pas... C'est ignoble !...
Peut-on se fagoter comme ça, mon Dieu ! peut-on se fagoter
comme ça !...

TOUTES.

Ignoble !... ignoble !...

MADELON.

A-t-on commandé le souper?

TOUTES.

Garçons !.... garçons !...

PREMIER GARÇON, accourant.

Mesdames?...

CLAQUETTE.

Le baron de La Chicardière a-t-il retenu un cabinet ?

PREMIER GARÇON.

Probablement, mesdames. Je vais demander au patron.
(Il sort.)

CLAQUETTE.

Avouez, mesdames, que, depuis que nous avons quitté Bolbec...

TOUTES.

Chut !...

CLAQUETTE.

Pourquoi?... Rougissez-vous de la terre natale?

MADELON.

Oh! ma chère... la Normandie... ça dégoûte les hommes!...

CLAQUETTE, riant.

Voyez-vous ça!... mademoiselle Madelon la renchérie!... Mais, ma chère, tous les hommes sont des Normands... Enfin... c'est égal, quelle métamorphose, hein?...

TOUTES, avec satisfaction.

Ah!...

CLAQUETTE.

Qui reconnaîtrait en nous les rustiques élèves du père Toby?

TAPOTTE.

Avec tout ça, qu'est donc devenue Fanchette?

MADELON.

Et son inséparable la Roussotte?

TOUTES, riant.

Oh! la Roussotte!

CLAQUETTE.

Est-ce qu'on sait?... Ces filles-là ne comprennent pas, c'est grossier, c'est bêtasse!... ça vous a de grosses mains rouges!... Pouah!... pouah!...

TOUTES.

Pouah!...

CLAQUETTE.

Tandis que nous...

TOUTES.

Ah!...

CLAQUETTE.

Air nouveau de SYLVAIN MANGEANT.

Filles d'Ève, au pays des pommes,
Sans rien comprendre nous vivions;
Maint'nant, nous comprenons les hommes,
Que de choses nous comprenons!

CHOEUR.

Ah! ah! ah! ah! ah! mais parlons tout bas,
Que ces messieurs n'entendent pas.

CLAQUETTE.

II

Filles prudentes que nous sommes,
Tout en soupant, nous comprenons
Qu'il faut le plus possible aux hommes
Avoir des obligations.

MADELON, *parlé.*

Comment ! avoir des obligations ?

CLAQUETTE.

Certainement des obligations... de chemins de fer !...

CHŒUR.

Ah ! ah ! ah ! ah ! ah ! mais parlons bien bas,
Que ces messieurs n'entendent pas. } *bis.*

SCÈNE III.

LES MÊMES, BÉBÉ DE LA CHICARDIÈRE.

BÉBÉ, *en dehors.*

C'est dégoûtant !... c'est ignoble !...

CLAQUETTE.

C'est Bébé.

LES FEMMES.

Ah ! enfin !

BÉBÉ, *entrant.*

Bonjour, mesdames ! Ah ! je suis furieux !... On vient de me
faire une infamie... une infamie ! (*Il se jette sur une chaise.*)

TOUTES.

Qu'est-ce donc ?

BÉBÉ, *se relevant vivement.*

C'est dégoûtant, c'est infect !... Vous savez que j'avais commandé à madame Hémonin... madame Hémonin, la coutu-
rière de ces dames... madame Hémonin, boulevard des Ita-
liens... madame Hémonin, quoi !...

TOUTES.

Oui, oui !...

CLAQUETTE.

Nous savons ça... Après ?...

BÉBÉ.

Je lui avais commandé une robe pour Claquette.

TOUTES.

Ah !...

BÉBÉ.

Oui, mesdames, pour Claquette, une robe étonnante... des
reflets... étonnants... un vrai cachet, quoi !... Je dis à madame
Hémonin : « Madame Hémonin, je vous en prie, ne la mon-
trez pas ! » Elle me dit : « Oh ! non, monsieur le baron. » Bon !

vous ne savez pas ce qu'elle fait?... car c'est elle... Caroline
n'aurait pas fait ça... (Avec force.) Non, Caroline n'aurait pas
fait ça!...

TOUTES.

Finissez donc !...

BÉBÉ.

Elle va chez Clara... elle lui montre l'étoffe... Tout à l'heure,
aux Champs-Élysées, je vois Clara avec la robe, la même, ma
chère... C'est dégoûtant, c'est infect!... Il n'y a pas de jus-
tice en France!.. Non... il n'y en a pas. (Se calmant subitement
et changeant de ton.) Bavonjavour, chavèraves! çava vava ba-
vien?... Pavas mavavl, maverçavi!... Savoupave-t-avon?.. Gavarçavon!... gavarçavon!...

CLAQUETTE.

Comme il pince le javanais!...

TOUTES.

Nous aussi!...

CLAQUETTE, à Bébé.

Avavavez-vavous ravetavenavu avun cavabavinavet?

BÉBÉ.

Avun, cavabavinavet?... Navon.

CLAQUETTE.

Navon?... Oh!... (Criant.) Gavarcavon!... gavarçavon!...

TOUTES.

Gavarcavon!...

SCÈNE IV.

LES MÊMES, SATAN.

SATAN, répondant en javanais.

Vavoilavà!... vavoilavà!...

TOUTES.

Ah! enfin... c'est heureux!

SATAN, à part.

Ce sont elles!

LES FEMMES, le regardant.

Ah! qu'il est vilain!

CLAQUETTE.

Est-ce que c'est ce garçon-là qui va nous servir?

SATAN, à part.

Quelle humiliation pour le roi des enfers!

BÉBÉ.

Le fait est qu'il a une bonne tête! Il a un relief... Avance
ici, mon drôle!

SATAN, à part.

Son drôle !

BÉBÉ.

As-tu un cabinet là-haut ?

SATAN.

Là-haut ? Non, monsieur, ils sont tous pris.

TOUTES.

Oh ! oh !

BÉBÉ.

Pas de cabinet !... C'est dégoûtant, c'est infect ! Ce Moulin-Rouge est une gargote !

SATAN, riant.

C'est toujours comme ça... Une supposition : Vous n'en voulez pas, des cabinets ?... y en a !... Vous en voulez ?... y en a pas ! Elle est toujours bonne... Hi ! hi ! hi !

BÉBÉ, furieux.

Ça le fait rire !... ça le fait rire !... Tiens ! (Il lui donne un coup de pied.)

SATAN.

Entrez ! (A part.) Je ne bronche pas !... je me trahirais... Comme je suis fort !... vous allez voir. (Souriant gracieusement à Bébé.) Monsieur et ces dames peuvent toujours commander en attendant.

LES FEMMES.

C'est ça !...

SATAN, à part.

Suis-je assez fort !

MADELON, avec volubilité.

Oh ! presque rien... Croûte au pot... truite saumonée, poulet à la reine, côtelettes d'agneau, haricots verts, quelque chose à la glace, des fraises... Enfin, arrangez ça.

TOUTES.

Oui ! oui !...

CLAQUETTE.

Ah ! et des petits pots de crème de Saint-Gervais !...

MADELON.

Parbleu !

CLAQUETTE.

J'adore les petits pots de crème de Saint-Gervais !

TOUTES.

Et nous aussi !

MADELON.

En attendant, si nous prenions le madère sur le pouce ?

TOUTES.

Bravo ! bravo !

BÉBÉ.

Garçon, du madère !

MADELON.

Avec des biscuits.

SATAN.

Voilà !... (Criant.) Biscuits et madère au jardin !... Versez au 5 !... Boum !... (A part.) Comme je dissimule !... comme je dis bien boum !... (Il sort.)

CLAQUETTE.

A propos, cher, avez-vous gagné votre pari ?

BÉBÉ.

Parbleu! je tenais pour Monarque et Pamplemousse... J'ai une veine, ma chère !

SCÈNE V.

LES MÊMES, FANCHETTE, puis LA ROUSSOTTE, puis SATAN.

FANCHETTE, en bouquetière.

Fleurissez-vous, messieurs, mesdames ! fleurissez-vous !

BÉBÉ, la reconnaissant.

Fanchette !

TOUTES.

Fanchette !

FANCHETTE, avec émotion.

M. Bébé ! Claquette ! Madelon ! toutes les amies du village !... Oh ! c'est-y bon de se revoir !

CLAQUETTE.

Comment! tu es bouquetière ?

BÉBÉ, riant.

Bouquetière !... c'est insensé !

FANCHETTE.

Dame! il a bien fallu faire quelque chose pour vivre... et c'est si gentil, les fleurs !... Nous nous sommes établies bou-quetières, la Roussotte et moi.

TOUTES.

La Roussotte aussi!

FANCHETTE.

Oui... nous vendons aux courses, sur les boulevards, dans les bals, partout...

LA ROUSSOTTE, entrant.

Achetez mes belles roses !... achetez mes belles roses !...

TOUS, riant.

La Roussotte !

LA ROUSSOTTE.

Tiens, v'là les autres ! Nom d'un tonneau, quel genre !

MADELON, riant.

Ah! ah ! elle est drôle comme ça !...

LA ROUSSOTTE.

Oui, je suis drôle comme ça, mais je fais mes petites af-faires. Nous avons acheté le fonds d'Isabelle, la bouquetière du Jockey-Club; elle m'a cédé sa clientèle. Nous fournissons tout ce qu'il y a d'hommes chics dans Paris... Aïe donc !

BÉBÉ.

Fanchette en marchande de fleurs ! c'est admirable ! (Regardant la Roussotte.) Ah ! et celle-là ! elle est impayable ! Ça va bien, le commerce des fleurs, Fanchette ?

FANCHETTE.

A la douce, monsieur Bébé, à la douce.

LA ROUSSOTTE.

Ça boulotte, quoi!... ça boulotte !

SATAN, entrant avec le madère.

Le madère et les biscuits demandés !

TOUS.

Ah !

MADELON.

Donnez, que je verse.

SATAN, à part.

Fanchette et la Roussotte ! Ô bonheur! elles y sont toutes!

MADELON.

Allons, Fanchette, et toi, la Roussotte, voilà vos verres !

CLAQUETTE.

Prends le madère avec nous!

TOUS.

Oui , oui !

FANCHETTE.

Du vin ? Oh! non, ça porte à la tête !

LA ROUSSOTTE.

Ça pocharde trop les jeunesses!

CLAQUETTE.

Comment ! tu refuses ?

FANCHETTE.

Je ne bois jamais que de l'eau.

TOUS.

Oh !

SATAN, à part.

Elles ne boivent que de l'eau, malédiction ! enfer ! nom d'un petit bonhomme! Appelons Belphégor à mon aide! (Il sort.)

BÉBÉ.

Boire de l'eau, c'est infect !

FANCHETTE.

Oh ! non, c'est si bon !

Air de *Fortunio*.

Fi ! du madère, du champagne !
De ces vins-là je ne veux pas.
La vertu, qui bat la campagne,
Avec eux fait tant de faux pas.
Qui bientôt,
De plus d'une jeunesse
A pris la sagesse ?

Le cliquot,
Versez, versez, versez encor
La belle eau claire,
Mon trésor,
La belle eau claire
De la rivière.
Versez, versez, versez encor.

DEUXIÈME COUPLET.

Par les soins de la bouquetière,
Tous les matins mes pauvres fleurs,
Grâce à quelques gouttes d'eau claire,
Reprennent vite leurs couleurs.
Pars glouglonx,
Pour rester belle et plaire,
Mes fleurs, je veux faire
Comme vous.

REPRISE EN CHŒUR.

Versez, versez, etc.

TOUS.

Quoi ! vraiment elle boit encor
La belle eau claire,
Son trésor,
La belle eau claire
De la rivière?
Ah ! sur ma foi, j'en ris bien fort !

CLAQUETTE.

Elle est amusante avec son eau !

MADELON.

Voyons, fais comme nous !

TOUS.

Pardine !

FANCHETTE.

Oh! non ; je veux rester sage comme j'étais au village !

LA ROUSSOTTE.

Nous voulons garder notre innocence !

TOUS.

Est-elle bête !

LA ROUSSOTTE.

Je suis bête, c'est possible ; mais j' veux pas dépendre d'un homme... O ma mère ! ma mère !

BÉBÉ, à Fanchette.

Ainsi, tu veux rester dans les fleurs, avec ta figure?... Oh! si tu voulais... je te lancerais !

FANCHETTE.

Vous me lanceriez? Lancer une femme... c'est-y l'épouser ?
(On rit.)

BÉBÉ.

A peu de chose près, oui. Elle est superbe ; elle est pyrami-dale, c'est insensé!

FANCHETTE.

Ainsi, vous m'aimez toujours, vous m'épouseriez?

CLAQUETTE, riant.

Comme elle y va!

BÉBÉ.

T'épousser? Ah! ah! Eh bien, et ma tante, et mes aïeux? Car, j'ai des ancêtres, moi!... un Tristan de La Chicardière... tout bardé de fer... qui a parfaitement, en 1207, livré sa ville aux Bourguignons. On l'a pendu en 1208... tout bardé qu'il était... ça lui a donné un relief... et tu veux que je t'épouse!... T'épouser!... allons donc! Ah! t'adorer, oui, et je t'adore!... Fanchette, je t'adore! (Il veut l'embrasser.)

FANCHETTE.

Ah! comme il est changé!

LA ROUSSOTTE.

Voyons, à bas les pattes!... et prenez-moi cet œillet-là!

BÉBÉ.

Je n'en veux pas!

LA ROUSSOTTE.

Prenez donc ça, que je vous dis!...

BÉBÉ.

Mais puisque je n'en veux pas!... Veux-tu me laisser tranquille, à la fin... Est-elle assez infecte!

LA ROUSSOTTE.

Z-infecte!... Va donc, méchant gandin! Oh! la la! en v'là un astec!

CLAQUETTE, à Fanchette.

Voyons, reste, Fanchette.

MADELON.

Et soupe avec nous; on rira.

BÉBÉ.

On dira des bêtises!

TOUS.

Oui, oui!

FANCHETTE.

Souper, moi? Oh!... jamais! D'abord, ça abîme le teint.
(On entoure Fanchette pour la décider.)

SCÈNE VI.

LES MÊMES, BELPHÉGOR, entrant en joueur de vielle.

TOUS.

Tiens, le joueur de vielle!

BÉBÉ.

Le joueur de vielle! Ah! ah! il m'amuse; voilà un type!

BELPHÉGOR, chantant.

Air de la *Boësière* (MANGEANT).

Je n'ai plus rien, moi, pauvre fille honnête !
Mon père, hélas ! est toujours en prison !
Ah ! faut-il donc, faut-il que je me jette
Dans ce grand fleuve qui la Seine a pour nom ?
Un peintre, un jour, m'a dit : « Mademoiselle,
A l'atelier, v'nez quand ça vous plaira. »
Ah ! pour trois francs servons-lui de modèle :
C'est pour ma mère, il me respectera ! (*bis*)

TOUS.

Bravo, bravo !

LA ROUSSOTTE.

A-t-il une jolie voix, c't homme-là.

SATAN, entrant, à part.

Ah ! Belphégor, avec la vielle enchantée !

BÉBÉ, à Satan.

Eh bien, qu'est-ce que tu fais encore là, toi ?...

SATAN.

Je venais dire à monsieur qu'il n'y a plus de pots de crème
de Saint-Gervais.

TOUTES.

Oh !

SATAN.

On vient de servir les quinze derniers à une demoiselle.

MADELON.

Plus de pots de crème !

CLAQUETTE.

Mais on ne peut pas dîner sans pots de crème !

TOUTES.

Mais non, non !

BÉBÉ.

C'est une infamie ! c'est infect ! Ah ! mesdemoiselles, une
idée splendide. Les voitures sont là, allons en chercher chez
Chevet !

TOUS.

Vivat !

LA ROUSSOTTE.

Moi, j'vas vendre devant Mabille. C'est tout panés, ici.
Qué rafalés, mon Dieu ! (A BÉBÉ.) Mes jolies roses, dix cen-
times.

BÉBÉ.

Ah çà ! veux-tu me laisser tranquille à la fin ? En voiture,
mesdames.

TOUTES.

En voiture !

SATAN, bas à Belphégor.

Courage, Belphégor, vas-y !

BÉBÉ ET LES FEMMES.

ENSEMBLE.

Dépêchons,
Et rapportons
Ces pots de crème
A l'instant même.
Faisons
Sauter les bouchons ;
Vivons,
Lionnes et lions.

(Ils sortent.)

SCÈNE VII.

FANCHETTE et BELPHÉGOR.

BELPHÉGOR, chantant.
Holà ! guérillas des montagnes,
Le cri de guerre a retenti...

(Regardant à part.) Plus personne, assez de grelot ! A nous deux,
la petite Fanchette. (Haut.) Bonjour, la bouquetière !

FANCHETTE, assise près d'une table.
Bonjour, joueur de vielle !

BELPHÉGOR, accent italien.
Et comment que ça vous va, ma pauvre bouquetière ?

FANCHETTE.
Pas bien, mon pauvre joueur de vielle ; j'ai joliment du
chagrin, allez !

BELPHÉGOR.
Des peines de cœur, à cause de M. Bébé de La Chicardière ?

FANCHETTE.
Comment ! vous savez ?...

BELPHÉGOR.
Je sais tout !... Que diable aussi de ne pas faire comme les
autres !

FANCHETTE.
Que dites-vous ?

BELPHÉGOR.
Je dis que l'homme, il est un animal qu'il lui faut du
clinquant, du chic, des robes de soie, des diamants, un tas de
machines ; mais les robes d'indiennes, fuh ! mais les petits
bonnets de tulle, fuh !... C'est des pommes de terre, mais...
l'homme, il aime mieux les truffes !

FANCHETTE.
Les truffes !

BELPHÉGOR.
Tu es la pomme de terre, ma petite... Claquette est la
truffe.

FANCHETTE.

Claquette?

BELPHÉGOR.

Mais oui, Claquette.

FANCHETTE.

Oh ! c'est impossible !

BELPHÉGOR.

Impossible ? Tu ne veux jamais me croire ! Tiens, le voilà qui revient avec elle !

FANCHETTE.

Avec elle !... Oh ! c'est trop fort !

BELPHÉGOR.

Cache-toi dans ce bosquet. Écoute et profite... Profite sur-tout !...

FANCHETTE.

Oh ! oui, j'écouterai. Merci, joueur de vielle !

BELPHÉGOR.

Les voici, pas un mot de plus !

ENSEMBLE.

Air de la *Perruche.*

FANCHETTE.
Oui, coûte que coûte,
Il faut que j'écoute ;
Car ici je doute
De sa trahison.
   (A part.)
Ah ! de jalousie
Mon âme est saisie ;
L'ingrat, il m'oublie,
A moi l'abandon !

BELPHÉGOR.
Oui, coûte que coûte,
Jusqu'au bout écoute ;
Car ton âme doute
De sa trahison.
   (A part.)
Mais de jalousie
Son âme est saisie.
L'ingrat, il l'oublie ;
J'en aurai raison !

(Ils se cachent chacun dans un bosquet opposé.)

SCÈNE VIII.

LES MÊMES (cachés), BÉBÉ et CLAQUETTE.

CLAQUETTE.

Ah çà ! mon bon, qu'est-ce qui vous prend ? Comment, vous m'offrez une place dans votre voiture, et puis tout à

coup vous changez d'idée, vous laissez partir ces demoiselles,
vous me ramenez ici !...

BÉBÉ.

Je vous ramène ici, parce que j'ai à vous parler !

CLAQUETTE.

A moi !... Et qu'avez-vous à me dire ?

BÉBÉ.

Ma chère, j'ai à vous dire que je vous aime comme un
fou.

CLAQUETTE.

Allons donc, et depuis quand, baron ?

BÉBÉ.

Depuis mon bal ; vous savez, quand j'ai donné mon grand
bal aux Provençaux, vous aviez une toilette étonnante. Non,
parole ! les autres femmes étaient infectes, des vrais singes.
C'était superbe, nous avons bien ri. Vous souvenez-vous
comme nous avons ri ?

CLAQUETTE.

Oh ! oui !

BÉBÉ.

Eh bien, ma chère, je suis à la veille de faire des folies
pour vous ! Voulez-vous que je vous offre un groom sia-
mois ?

CLAQUETTE.

Oh ! non !... D'ailleurs, mon cher, vous en tenez encore
pour Fanchette ; vous étiez émotionné en la revoyant.

BÉBÉ.

Moi aimer... comment dites-vous ? une bouquetière, une
fille du peuple ! fi donc ! Si elle avait votre élégance, je ne dis
pas !

BELPHÉGOR, à part.

Bien, très-bien !

FANCHETTE, à part.

Ah ! le petit gueux !

LES FEMMES, en dehors.

Victoire ! victoire !

CLAQUETTE.

Ce sont ces demoiselles. Pas un mot devant elles ; elles sont
si potinières !... Venez me voir, baron, vous savez, à trois
heures et demie, avant le bois... Et surtout pas un mot au
duc, n'est-ce pas, baron ? pas un mot au duc !

BÉBÉ. Il remonte avec Claquette.

Elle est adorable, cette femme-là !

FANCHETTE, sortant du bosquet.

Ah ! c'est ainsi ! Il faut de l'élégance à monsieur ! Eh bien,
j'en aurai !

BELPHÉGOR.
Vous avez raison, Fanchette. (a part.) De la jalousie, bravo !

SCÈNE IX.

Les mêmes, les jeunes filles, puis LA ROUSSOTTE, puis SATAN.

ENSEMBLE.
Pas de tristesse!
De l'allégresse ,
Notre jeunesse
A donné le signal.
Que la folie
Qui nous rallie,
De notre vie
Fasse un long carnaval.
(Elles donnent toutes des pots de crème aux garçons.)

TOUTES.
Tenez, garçons, tenez !

BÉBÉ.
Eh bien, et ce cabinet ?

PREMIER GARÇON.
Dans quelques minutes, monsieur.

BÉBÉ.
Oh ! je les connais vos quelques minutes ! Ah ! mesdemoiselles, j'ai encore une idée... Garçon, apportez-nous du
champagne !

TOUTES.
Oui , oui !

MADELON.
C'est ça... du champ... comme s'il en pleuvait !

BÉBÉ.
Garçon... dix bouteilles !

FANCHETTE, à part.
N'hésitons plus !... (Elle s'avance.)

LA ROUSSOTTE, entrant avec des fleurs.
Mes deux petits derniers pour trente sous! Personne n'en
veut?... Viens-tu, Fanchette ?

FANCHETTE.
Moi? Ma foi, non !... je reste ici ! je veux m'amuser...
boire du champagne !...

LA ROUSSOTTE, à part.
Elle veut flûter ! (Un garçon pose les bouteilles de champagne et les
coupes sur la table.)

FANCHETTE.
Garçons, du champagne!

TOUTES.

Hein !

FANCHETTE.

Eh ! le voilà, versez !... Sapristi, versez !...

SATAN, entrant, et à part, avec joie.

Elle boissonne !

BELPHÉGOR, bas.

Elle y vient !

LA ROUSSOTTE.

Ah ! puisque c'est comme ça, je vas en goûter aussi, moi.

FANCHETTE, buvant.

Tiens ! oh ! c'est-y sucré ! c'est-y sucré !

LA ROUSSOTTE, buvant.

C'est pas mauvais... ça vaut mieux que l'eau-de-vie de cidre.

FANCHETTE, tendant son verre.

Encore, encore !... Ah ! c'est amusant; vive le Moulin-Rouge !

TOUTES.

Vive le Moulin-Rouge !

FANCHETTE.

Le gai moulin, comme dit la chanson !...

CLAQUETTE.

La chanson !... Il y a une chanson sur le Moulin-Rouge ?

MADELON.

Et tu la connais ?

FANCHETTE.

Si j' la connais ! c'te bêtise !

BÉBÉ.

Chante-nous-la...

TOUTES.

Oui, oui !

FANCHETTE.

Ça va !... Vous la connaissez aussi, vous, joueur de vielle ?

BELPHÉGOR.

Elle est dans mon recueil !

FANCHETTE.

Eh bien, à nous deux !

BÉBÉ.

Oui, oui, à vous deux !

FANCHETTE.

Le Moulin-Rouge, romance... Attention tout le monde !

Air nouveau de SYLVAIN MANGEANT.

PREMIER COUPLET.

L'an mil huit cent soixante et un,
Dans Paris, à c' que dit l'histoire,
S'él'vait un moulin où chacun
Venait chaque jour rire et boire.

BELPHÉGOR.

On y trouvait, soir et matin,
Des vins vieux et d' la bonn' cuisine ;
On y trouvait d' la crinoline...
Bref, on trouvait, dans ce moulin,
Tout... excepté de la farine.

LE CHŒUR.

Et tic, et tac !

FANCHETTE.

Et tic, et tac, et tin, tin, tin,
        Pour vider leurs verres,
        Meuniers et meunières
S'en venaient à ce gai moulin.

REPRISE EN CHŒUR.

BELPHÉGOR.

II

Afin de ne pas s'ennuyer,
Dans ce moulin-là, d'ordinaire,
En cabinet particulier
Chaqu' meunier am'nait sa meunière.

FANCHETTE.

Chaqu' meunièr' qui v'nait au moulin,
Quand l'meunier était jeune et riche :
De doux regards n'était pas chiche.
Le meunier était un gaudin,
La meunière était une biche.

LE CHŒUR.

Et tic, et tac !

FANCHETTE.

Et tic, et tac, et tin, tin, tin,
        Pour vider leurs verres,
        Meuniers et meunières
S'en venaient à ce gai moulin !

REPRISE EN CHŒUR.

FANCHETTE.

III

Dieux ! quel moulin rempli d'appas !
Chaque soir il était en fête.
Dans ce moulin, qui n' tournait pas,
On f'sait tourner plus d'une tête.

BELPHÉGOR.

Aux fenêtres on se montrait ;
Paul faisait l'œil à Caroline,
Et Jules guettait Albertine.
De tous côtés on entendait
Des mots d'amour... et de cuisine...

MADELON, parlé.

Garçon, un poulet chasseur !

JEANNETTE, de même.

Chartreuse verte !

CATICHE, de même.

De la poudre de riz !

NICOLE, de même.

Un sorbet !

TAPOTTE, de même.

Garçon, ma voiture !

CLAQUETTE, se servant de ses mains comme d'un porte-voix.

Ernest, ce soir à Mabille !...

FANCHETTE.

Du champagne frappé !

BÉBÉ, parlé.

Garçon, c'est infect !

BELPHÉGOR, de sa voix gutturale.

Demandez le Nouveau Recueil de chansons... *La Fille du Conscrit. — Ça vous coupe la figure à quinze pas. — Le Contrebandier et la Lingère. — As-tu fini, Aglaé. — Le petit Soulier de ma Femme.*

LA ROUSSOTTE, parlé.

Garçon, une salade d'homard !

SATAN.

Boum !...

REPRISE DU CHŒUR.

Et tic, et tac.

FANCHETTE.

Et tic, et tac, et tin, tin, tin,
Pour vider leurs verres,
Meuniers et meunières
S'en venaient à ce gai moulin.

REPRISE DU CHŒUR.

TOUS.

Bravo, Fanchette !

BÉBÉ, à part.

C'est qu'elle est ravissante !

FANCHETTE.

Allons, versez toujours !...

LA ROUSSOTTE.

Donnez m'en aussi ! Il est amusant ce vin-là ; v'là que j' m'y fais.

FANCHETTE.

Vive le plaisir ! Ma foi, tant pis, je jette mon bonnet par-dessus les moulins !

LA ROUSSOTTE.

Et moi aussi !...

TOUS.

Bravo! bravo!...

FANCHETTE.

Ah! je ne sais ce que j'éprouve : ça tourne... ça tourne...
Je suis toute guillerette ; j'ai envie de rire, de danser!...

LA ROUSSOTTE.

Moi aussi... j'ai des idées folichonnes. (A Bébé.) Je vous per-
mets de m'embrasser!...

BÉBÉ.

Laisse-moi tranquille, ou je te frappe!

LA ROUSSOTTE.

Ah! c'est pas un homme!

FANCHETTE.

Oh! mon cœur bat, v'là mes yeux qui papillotent!

SATAN, à part.

Bravo!...

BÉBÉ.

Ses yeux papillotent! c'est idéal. Garçon, du feu! (Il tire un
cigare de sa poche.)

FANCHETTE.

C'est bien moi, et il me semble que ce n'est plus moi, que
c'est une autre ; c'est-y drôle, c'est-y drôle!

BÉBÉ.

A la bonne heure, ma chère, tu es dans le vrai!

TOUS.

Parbleu!

BÉBÉ.

La vie, c'est ça, c'est pas autre chose. Courte et bonne, je
connais ça!

TOUTES.

Oui, oui!... (Elles entourent Fanchette.)

BÉBÉ.

Arrivez donc, garçon! (Il allume son cigare.)

FANCHETTE.

A boire! à boire!

TOUTES.

A boire! à boire!

SATAN.

Elle est à nous!...

SCÈNE X.

LES MÈMES, MADAME SATAN, arrivant du fond avec une harpe.

MADAME SATAN, en chanteuse des rues.

Place à la petite chanteuse!

SATAN, à part.

Augustine!...

TOUS.

Ah! ah! la petite chanteuse!

BÉBÉ.

Ah! c'est impayable!... Elle va nous chanter quelque chose...

TOUS.

Oui, oui!

MADAME SATAN, à part.

Canaille! il a la vieille enchantée! Mais j'ai la harpe... et j'en pince!...

SATAN, bas, à Belphégor.

C'est la lutte! chaud, chaud!... Vas-y, Belphégor, ou nous sommes ralissés...

BELPHÉGOR.

Compris!...

Air : *Gais tourtereaux.*

> La sagesse doit s'endormir
> A l'heure où le cliquot pétille.
> Remplis ton verre, ô jeune fille !
> Car dans ton verre est le plaisir !

TOUS.

> Flûte!

BELPHÉGOR.

> Vive un p'tit doigt de vin !
> Disons à la beauté qui lutte :
> Flûte ! flûte ! flûte !
> Plus de chagrin
> Dans le vin,
> Flûte !

TOUS.

Bravo, bravo!...

MADAME SATAN, à part.

A mon tour, maintenant!

RÉCIT, avec accompagnement de harpe.

> O jeunes filles hasardeuses,
> Pour voir le luxe s'étaler,
> Vous rêvez de vous faufiler
> Dedans le monde des viveuses !
> Jeune, on croit gagner un trésor ;
> Vieille, on n'a plus que les coquilles ;
> Ne cueillez pas, ô jeunes filles,
> Des bluets à la Maison d'or !

TOUS.

Oh!

FANCHETTE.

Ah! ces paroles!...

SATAN, bas, à Belphégor.

Elle chancelle!...

TOUS.

Ah! bah! au diable la morale!

FANCHETTE.

Non, non, elle a raison, c'est un avertissement.

MADAME SATAN, bas.

Sans frais.

FANCHETTE, elle va prendre ses bouquets.

Viens, la Roussotte, partons!... La beauté, ça passe!...

MADAME SATAN.

Comme les fleurs!... Regarde! (Les bouquets de roses que tiennent Fanchette et la Roussotte se fanent tout à coup et deviennent jaunes.)

FANCHETTE.

Ah!...

LA ROUSSOTTE.

Ah bah! mon bouquet qu'à la jaunisse!

BÉBÉ.

N'écoutons pas cette folle.. Allons, encore un verre!

TOUTES.

A ta santé, Fanchette!

FANCHETTE.

Non, non, il est tard!...

BÉBÉ.

Tard?... Il est à peine huit heures!

SATAN, à part.

J'ai arrêté toutes les pendules de l'établissement!...

BELPHÉGOR, bas.

Bravo!... (Madame Satan fait un signe : le petit moulin rouge qui est au-dessus de la grille se transforme en une pendule allemande avec un cadran lumineux ; un coucou sort et sonne dix fois.)

MADAME SATAN.

Tiens, regarde!...

TOUS.

Dix heures!...

SATAN, à part.

Pincé!...

FANCHETTE.

Dix heures!... Viens, la Roussotte, rentrons!...

LA ROUSSOTTE.

J' veux bien... v'là que j'ai mal aux cheveux.

SATAN, bas, à Belphégor.

Elles s'en vont... saperlotte!

FANCHETTE.

Air de la *Ronde du Moulin-Rouge*.

Bien vite, quittons ce jardin.

BELPHÉGOR.

Comment! déjà quitter la fête!

CLAQUETTE.

Eh quoi! vraiment, partir soudain,

Lorsqu'un joyeux souper s'apprête !
FANCHETTE.
Oui, rire et boire et s'attarder,
Pour nos attraits c'est déplorable ;
C'est un trésor si périssable !
J' n'ai qu' ma fraîcheur, et j' veux garder
Mon seul bien, la beauté du diable.

(Elle va reprendre son panier.)

SATAN, bas.

Elle y tient !

BELPHÉGOR, bas.

Patience ! elle est femme, nous la repincerons !

MADAME SATAN.

Je triomphe !...

BÉBÉ.

Eh bien ! qu'elle s'en aille ! Ah bah ! qu'est-ce que ça nous fait ?... A boire !...

REPRISE DU CHŒUR.
Et tic, et tac, et tin, tin, tin,
Pour vider nos verres,
Meuniers et meunières,
Restons, restons dans ce gai moulin.
FANCHETTE, avec ironie.
Pour vider nos verres,
Meuniers et meunières,
Restez, restez dans ce gai moulin !

(Elle sort avec la Roussotte.)

TOUS.
Buvons !... (On trinque. — On boit.)

ACTE TROISIÈME

SEPTIÈME TABLEAU

Le salon des Fleurs, à Bade ; à gauche, la salle des jeux ; à droite,
la salle des concerts.

—

SCÈNE PREMIÈRE.

CHŒUR DE JOUEURS ET DE JOUEUSES, chantant en dehors, puis
MADAME SATAN.

CHŒUR, en dehors.
Air :
Quelle ivresse !
Qu'on s'empresse !

Des jeux le temple est ouvert.
De la chance,
L'espérance
Nous ramène au tapis vert.

LA VOIX DU CROUPIER, dans le pavillon.

Faites votre jeu, messieurs! (Madame Satan en toilette excentrique de princesse polonaise, un petit chapska sur le coin de l'oreille, surmonté d'un aigrette. Elle est entrée en scène pendant le chœur, et a regardé dans le salon des jeux.)

MADAME SATAN.

Elles ne sont pas encore autour du tapis vert... J'arrive à temps... Ah! brigand de Satan! Il est à Baden-Baden, où il a su attirer nos petites Cauchoises... Mais je l'ai suivi pour contre-miner ses projets... En attendant, je carotte quelques florins à la roulette... c'est pour mes gants... mon cher époux est si rat!...

SCÈNE II.

LES MÊMES, MADELON, CATICHE, JEANNETTE, TAPOTTE, NICOLE, puis CLAQUETTE.

MADELON.

Ah! mesdemoiselles, le jeu est commencé, venez vite!

MADAME SATAN, à part.

Ce sont elles!

MADELON.

Mes enfants, c'est le moment de mettre sur la rouge.

CLAQUETTE, entrant.

Minute, mesdemoiselles, ne nous pressons pas!... J'ai une martingale.

TOUTES.

Une martingale!

CLAQUETTE.

Oui, mesdemoiselles, une martingale certaine... que j'ai étudiée toute la nuit... Attendre une série, et toujours doubler.

MADAME SATAN, à part.

Si j'essayais de les détourner...

TAPOTTE.

Oh! moi, j'aime mieux jouer l'intermittence.

MADELON.

Et moi sur les numéros... Si on gagne, on a trente-six fois sa mise.

MADAME SATAN, s'approchant.

Méfiez-vous, jeunes filles, méfiez-vous!...

TOUTES.

Hein?

CLAQUETTE.

Quelle est cette étrangère ?

MADAME SATAN.

Comtesse Blagoriska.

TOUTES.

Une Polonaise !... Madame !... (Elles se saluent prétentieusement.)

MADAME SATAN.

Le jeu est une passion funeste et dissolvante. On y fond son argent... et, de plus, ses attraits.

CATICHE.

Ah ! le fait est que ça donne de fières émotions !

CLAQUETTE.

Quand cette petite bille tourne dans la cagnotte, le cœur vous bat d'une force...

MADELON.

Moi, ça me prend dans les jambes.

MADAME SATAN.

Vous voyez bien !...

TAPOTTE.

Ah ! c'est égal !... c'est amusant !

CLAQUETTE.

Mais c'est rudement énervant.

Air : *Tirelire*. (MANGEANT.)

La chance est incertaine
Et nous trompe souvent ;
Mais pour avoir la veine,
Il ne faut qu'un instant.
Au jeu de la roulette,
Comme en fait d'amourette,
Tirelire, (*bis*.)
Il faut du hasard
Toujours faire la part.

ENSEMBLE.

Tirelire, (*bis*.)
Il faut du hasard
Toujours faire la part !

MADAME SATAN.

Tirelire, lire!... Méfiez-vous, jeunes filles, méfiez-vous !

TOUTES.

Encore !

SATAN, en dehors.

C'est bon !... c'est bon !... je reviens...

MADAME SATAN, à part, avec effroi.

La voix de mon mari... filons ! (Elle sort vivement par la droite.)

CLAQUETTE.

Eh bien !... elle se sauve !...

SCÈNE III.

SATAN, entrant en prince hongrois, à part.

Je crois avoir été très-malin en prenant ce costume d'hospodar, et en venant à *Badin-Badin* sous le nom de Zaffari Sataniskoff... Fanchette est ici... je l'ai fait engager comme chanteuse... Je les tiens toutes sous ma coupe ; ça marche, ça marche ! (Apercevant les jeunes filles.) Mes Cauchoises, attention !

MADELON , bas aux jeunes filles.

C'est ce prince hongrois arrivé ici en même temps que nous...

SATAN, à part.

Elles me reluquent !... Le fait est que je dois être très-chic !...

CLAQUETTE, bas.

Dites donc, on prétend qu'il est millionnaire, et qu'il vient à Bade pour se marier avec la femme qui sera sa conquête.

SATAN, à part.

Un bruit que j'ai fait répandre par Belphégor! Encore un truc de mon invention !

CATICHE, bas.

Faire sa conquête !... Eh bien, merci ! il est trop laid !

CLAQUETTE, bas.

J'aime mieux tâcher de faire fortune autrement.

TOUTES, bas.

Et moi aussi !

SATAN, à part.

Patience, mes petites chattes !

MADELON, bas.

Mais voyez donc comme il nous lorgne !

TAPOTTE, bas.

Ne dirait-on pas d'un pacha?

SATAN, à Claquette.

Ia tibi loublou, douchinka maïa, Péteroff-Boulouboulouski. (A part.) Je leur parle russe, il n'y a rien qui ébouriffe les femmes comme ça.

CLAQUETTE.

Vous dites ?

SATAN.

Ia tibi loublou, Péteroff-Boulouboulouski.

CLAQUETTE.

Boulou'boulouski vous-même ! Passez votre chemin, mon brave homme, on ne peut rien vous faire !...

SATAN, galamment.

Pas même l'aumône d'un regard ?

CLAQUETTE.

Tiens, il parle français !...

TOUTES.

Il parle français !

SATAN.

Très-purement... comme tous les gandins du Nord. Permettez-moi de vous offrir ma carte... On ne sait pas... on ne sait pas ! (Il distribue des cartes aux jeunes filles qui les prennent en riant.)

TOUTES.

Voyons !...

CLAQUETTE, lisant.

« Prince Zaffari Sataniskoff, étranger de première classe.

SATAN.

De première classe, qu'on le remarque ! Je crois être un Hongrois assez sérieux, un Hongrois... qui a le sac !

TOUTES, riant.

Ah ! ah ! ah !

SATAN.

Vous le voyez, mesdames, les beautés de la langue française me sont familières ! Et j'épouse, qu'on le remarque ! j'épouse !

CLAQUETTE.

Eh bien, bonne chance !

TOUTES.

Bonne chance !

CLAQUETTE, aux autres.

Décidément, il est trop vilain !

TOUTES.

Il est affreux !

SATAN, à part.

Damnation ! et j'ai été beau ! et il y a des femmes qui ont passé leurs doigts dans mes blonds cheveux, en me disant : « Vivons ensemble à la campagne ! » Oh ! cette beauté, cette beauté, je la veux... il me la faut !

PREMIER CROUPIER, en dehors.

Faites votre jeu !

CLAQUETTE.

Ah ! ma foi, tant pis ! je me risque sur la noire !

SCÈNE IV.

LES MÊMES, BELPHÉGOR, en piqueur de cartes, vêtu d'habits très-râpés, cinquante ans.

BELPHÉGOR, s'approchant vivement.

Sur la rouge, mesdames, sur la rouge !...

TOUTES.

Ahbah !

SATAN, à part.

Belphégor!... Elles y viendront! Astuce et mystère! (Il sort.)

CLAQUETTE, à Belphégor.

Sur la rouge, vous croyez?

BELPHÉGOR.

J'en suis sûr! (Montrant une carte toute piquée.) Voyez plutôt... Séquence de six noires... puis intermittence de zéros... puis encore la noire!... Noire, noire, noire et zéro!... Ce n'est pas tout ça! la rouge est ancienne... elle sortira, c'est écrit, c'est infaillible!... Ça va bien!... ça va bien!... Ah! la roulette, la roulette! quel beau jeu!

Air : *Turlurette*.

Moi, voilà plus de vingt ans
Qu'ici je passe mon temps,
Et je courtise en cachette
    La roulette, (*bis*)
  Vive la roulette!
J'aime son esprit mutin,
Son petit son argentin
Et sa forme rondelette.
    La roulette, (*bis*)
  Vive la roulette!
Elle vous trompe parfois ;
Mais, toujours pris à sa voix,
On revient à la coquette.
    La roulette, (*bis*)
  Vive la roulette!

CLAQUETTE.

Ah çà! mais, puisque vous êtes sûr de gagner, pourquoi ne jouez-vous pas, vous?

LES FEMMES.

Oui! au fait...

BELPHÉGOR.

Pourquoi?... Parce que je n'ai pas un monaco... Je me suis ruiné avec les femmes... En ai-je meublé de ces femmes!... En ai-je donné des voitures à huit ressorts, et des cachemires d'Inde, et tout le bataclan!... Y en a une nommée Virginie... je peux dire que cette femme-là m'en a fait voir de toutes les couleurs!... Satanée Virginie, va!... Mais, c'est pas tout ça, c'est pas tout ça... mettez sur la rouge, mesde-moiselles, mettez sur la rouge!

CLAQUETTE.

Il a raison!... Dix florins sur la rouge!

TOUTES.

Dix florins à la rouge! (Elles entrent vivement dans le cabinet.)

BELPHÉGOR, les suivant.

Attendez-moi donc, satanées femmes!... Elles vont faire des

bêtises !... Attendez-moi donc ! (Il s'élance à leur poursuite ; aussitôt on entend applaudir, et on voit paraître Fanchette entourée et complimentée par la foule.)

SCÈNE V.

FANCHETTE, en élégante toilette de concert ; MADAME SATAN, LA ROUSSOTTE, en femme de chambre ; FOULE entrant par la droite.

LE CHŒUR.

Air de *Zampa.*

Quel gosier plein de souplesse !
Quels accents délicieux !
Honneur à l'enchanteresse
Qui nous ravit en ces lieux !

MADAME SATAN.

Oh ! le délicieux concert !... Bravo, brava, bravissima !... Vous avez été délirante !

FANCHETTE, saluant.

Madame !...

UN ANGLAIS.

Oh ! yès, sublime !

FANCHETTE, de même.

Milord !

TOUS.

Admirable ! ravissante !

FANCHETTE.

Oh ! messieurs, ménagez-moi !

MADAME SATAN.

Au revoir, diva !... à reverdersi !

REPRISE DU CHŒUR.

Quel gosier, etc.

(Madame Satan et la foule sortent.)

SCÈNE VI.

FANCHETTE, LA ROUSSOTTE, puis BÉBÉ.

LA ROUSSOTTE.

Eh bien, Fanchette ! j'espère que te voilà une grande *cantatrixe !* J' suis-t-y fière d'être ta camériste !

FANCHETTE.

Oui... mais ces succès-là ne me font point oublier...

LA ROUSSOTTE.

Comment ! tu penses encore à M. Bébé ?

FANCHETTE.

Et j'y penserai toujours !

LA ROUSSOTTE.

Eh ben, moi, v'là à quoi que je pense... (Tirant une petite bouteille de sa poche.) Kirsch de la forêt Noire !... Allons-y d'une gorgée ! (Elle boit.)

FANCHETTE.

Comment ! tu bois des liqueurs ?

LA ROUSSOTTE.

C'est mon système. Quand on voyage, faut toujours se mettre à la boisson du pays oùs qu'on est !... Allons-y encore d'une gorgée !...

BÉBÉ, en dehors.

Ah ! c'est incroyable !... c'est superbe !...

FANCHETTE.

M. Bébé ici !... (Elle remonte.)

LA ROUSSOTTE.

Ah bah !

BÉBÉ, entrant sans les voir.

Croupier, vous m'avez fait plaisir !... Je ne vous l'envoie pas dire... (Se promenant.) C'est insensé, ma parole d'honneur ! c'est incroyable !... Moi qui voulais faire sauter la banque... j'ai tout perdu !...

FANCHETTE, à part.

Pauvre garçon !

BÉBÉ.

Plus un sou, quoi ! plus un sou !... J'ai mangé mes chevaux... j'ai mangé le château de ma tante !... Il y a les usuriers qui sont venus... nous avons bien ri !... On va me donner un conseil judiciaire !... C'est à se brûler la cervelle !... (Apercevant Fanchette.) Tiens !... Fanchette !...

FANCHETTE.

La signora Fanchettini !

BÉBÉ.

Ah bah !... cette chanteuse italienne ?...

LA ROUSSOTTE.

C'est nous !... Dites donc ! peut-être que je vous gêne ?... Je vas tâter du tapis vert !... (Sortant.) Jeune homme, un florin sur les deux cocottes ! (Elle sort.)

BÉBÉ.

Comment, Fanchette, vous ici ?...

FANCHETTE.

Oui, j'ai voulu aussi venir à Bade... m'étourdir... me lancer dans le tourbillon !

BÉBÉ.

Le tourbillon !... Ah ! oui !... c'est amusant, c'est insensé !

FANCHETTE, soupirant.

Mais, c'est égal, allez, tout ce bruit, tous ces succès-là ne font pas le bonheur !

BÉBÉ.

Comment ?

FANCHETTE, avec émotion.

Monsieur Bébé, ne vous souvient-il plus de nos rencontres
en Normandie ?

BÉBÉ.

Près de la mare ? Si fait ; il y avait des canards ; c'était impayable !

FANCHETTE.

Et nos entretiens sous les pommiers ?

BÉBÉ.

Avec vos dindons ?... Il y avait des dindons étonnants !

FANCHETTE.

Oui, le gros blanc !

BÉBÉ.

Ah ! le gros blanc ! il avait une bonne tête ! Voilà un din-
don qui avait un relief !

FANCHETTE.

Dans ce temps-là, vous me faisiez des serments !

BÉBÉ, s'animant.

Le serment de t'aimer toujours !...

FANCHETTE.

Celui d'être mon mari !

BÉBÉ, hésitant.

Ton mari, moi ?

FANCHETTE.

Ah ! vous l'aviez promis, vous l'aviez juré !

BÉBÉ.

Tu crois ?

FANCHETTE.

Air du *Rêve* (PONT DES SOUPIRS.)

Ah ! qu'il était doux, le beau rêve
Qui me berçait,
Qui me charmait !
Hélas ! si ce jour me l'enlève,
Ah ! pour mon cœur,
Plus de bonheur !
C'est lui qui me gardait sans cesse ;
C'était mon bien
Et mon soutien,
Rêve de joie et de tendresse !
Le voir finir,
Ah ! c'est mourir !
Seule, de vous j'étais chérie ;
Vous me disiez : (*bis*)
Allons ensemble à la mairie ;
Vous m'épousiez, (*bis*)
Rien ne m'enlevait la constance
De mon époux, (*bis*.)

Et vous passiez votre existence
A mes genoux ! (*bis*)
Ah ! qu'il était doux, le beau rêve, etc.

BÉBÉ, à part.

Tiens, au fait, épouser une chanteuse italienne... ça a un cachet... Nous irions au lac de Côme ; et puis ça ferait enrager ma tante... Ça serait superbe !

FANCHETTE.

Vous ne répondez pas ?

BÉBÉ.

Eh bien , Fanchette, puisque j'ai promis...

FANCHETTE.

Achevez...

BÉBÉ, à part.

Voilez-vous, mes aïeux ! (Haut et d'un air décidé.) Eh bien, Fanchette...

FANCHETTE.

Vous acceptez ?

BÉBÉ.

Je...

SCÈNE VII.

Les mêmes, BELPHÉGOR.

BELPHÉGOR, en anglaise, chapeau de paille Victoria, lunettes d'écaille blonde, grands tire-bouchons, entrant à la cantonade.

Dans le salon des Fleurs, très-bien ; very well !...

BÉBÉ.

Hein !...

FANCHETTE.

Une étrangère !

BELPHÉGOR.

Aoh ! ce était loui ! (Il porte la main à son cœur.)

BÉBÉ, étonné.

Louis !... Elle me prend pour M. Louis !

BELPHÉGOR, s'approchant.

Jeune homme, je avais quelques petits choses à disé à yô...

BÉBÉ.

A moi ?...

BELPHÉGOR.

Yés, à vô ! dans la tête-à-tête de les quatre z-yeux.

FANCHETTE.

Un tête-à-tête !

BÉBÉ.

Entre quatre z-yeux !

BELPHÉGOR.

Yès !... (A Fanchette.) Laissez-nô !

FANCHETTE.

Hein, que dites-vous ?

BELPHÉGOR.

Je avais dit... laissez-nô !

BÉBÉ.

Madame a dit : « Laissez-nô ! »

FANCHETTE.

Mais...

BELPHÉGOR.

Allez !

BÉBÉ.

Oui, allez Fanchette : milady désire être seule avec moi.

FANCHETTE.

Il suffit, je m'en vais... (A part.) Qu'a-t-elle donc à lui dire ?
Oh ! je le saurai !

ENSEMBLE.

Air : *Douze travaux d'Hercule.*

Les laisser ensemble,
Malgré moi, j'ai peur !
Mon âme, qui tremble,
Prévoit un malheur.
BELPHÉGOR ET BÉBÉ.
Laissez-nous ensemble ;
(A part.)
Vraiment elle a peur !
Son âme qui tremble
Prévoit un malheur !

(Fanchette sort.)

BÉBÉ, à part.

Qu'est-ce que peut me vouloir cette compatriote de Clarice
Harlow ? (Saluant.) Nous voilà seuls, milady...

BELPHÉGOR, avec sentiment.

Oh ! yès, nô voilà seuls..... et je étais dans le jubiléchion.

BÉBÉ, à part.

Elle était dans le jubiléchion...

BELPHÉGOR.

Sir Bébé de La Chiquardière... je appelais moâ Deborah
Chester...

BÉBÉ.

Joli nom !

BELPHÉGOR.

Je étais célibataire.

BÉBÉ.

Et sans enfants ?...

BELPHÉGOR, avec pudeur.

Oh ! yès, sans enfants... mais je vôlais avoir.

BÉBÉ.

Hein ?... Grande Schoking !

BELPHÉGOR, d'un air sentimental.

Oh ! yès, de jolis bébés !... beautiful litte boys... avec des petits brassières... des petites bourrelets... pour grimper aux mollets de moà...

BÉBÉ.

Je comprends... Vous rêvez la famille ?

BELPHÉGOR.

Yès le famille... et le mariage...

BÉBÉ.

Nécessairement !

BELPHÉGOR.

Je avais longtemps cherché le mèri de mon choà dans tous les principaux cités du globe... à Périss... à London... à Vienne... à Médrid... à Berline... à New-York...

BÉBÉ, à part.

Elle m'a vu dans une berline à New-York ! Elle a roulé, cette Anglaise-là !... (Haut.) Vous avez beaucoup roulé, vous ?

BELPHÉGOR.

Yès, je avais longtemps parcouru le monde... comme M. Joconde... sans rencontrer ce qui convenait à moà... et je étais dans le désespoir de jamais trouver un mèri confortable... (Avec chaleur.) Lorsqu'en arrivant à Bède, je avais aperciou vô...

BÉBÉ, très-surpris.

Moi ?

BELPHÉGOR.

Et à votre viou, je me étais écrié tôt de souite... Le voilà !... je avais trouvé !...

BÉBÉ.

Une déclaration !...

BELPHÉGOR.

Oh ! yès, une déclarachion !...

BÉBÉ, ahuri.

Comme ça !... à brûle-pourpoint ? (A part.) Mœurs américaines ! Elle flirte ! (Haut.) Vous me faites l'effet de flirter, vous ?

BELPHÉGOR, tendrement.

Consentez à épouser moà !... Je étais riche... je avais cinquante mille livres sterling de reveniou !...

BÉBÉ.

Vous avez autant de reveniou que ça, cinquante mille livres sterling ?

BELPHÉGOR.

Et des actions dans la com pagnie des Indes.

BÉBÉ, émerveillé.

Une nabab ! pristi !... Il n'y a qu'à Bade qu'on trouve ces femmes-là.

BELPHÉGOR.

Oh ! je avais encore bien plus !

Air du quadrille *des Rifflemen*.

Je avais un hôtel quartier de Westminster,
Je avais un château tout près de Manchester,
Je avais de l'argent dans les chemins de fer ;
Enfin, lady Chester
Menait un train d'enfer !
Je avais, outre cela,
Une loge à l'Opéra,
Et cottage,
Et brillant équipage
Avec des panneaux dorés,
Et deux grands laquais poudrés,
Chamarrés
Comme des gens titrés.
Je donnais des dîners et je donnais le bal,
Plous confortablement qu'au Palais de Cristal ;
Pendant toute la nuit on dansait des schottich,
En buvant du porter, en mangeant des sandwich.
Quant aux talents d'agrément,
J'en avais énormément :
Le miousique
Et puis le gymnastique,
Pour mon plaisir, je dansais
Très-bien le gigue écossais,
Je valsais
Et même je boxais.
Je avais un hôtel quartier de Westminster, etc.

(Sur la ritournelle de l'air, il danse une gigue ; Bébé finit par se laisser entraîner et par danser aussi.)

BELPHÉGOR, s'arrêtant.

Eh bien, my dear, que disez-vô de mon proposichion ?...

BÉBÉ, tout essoufflé.

Ce que... j'en dis... Ouf !

BELPHÉGOR.

Volez-vous devenir le mari de moâ ?

BÉBÉ, à part.

Sapristi ! je pourrais faire sauter la banque... et puis, épouser une Anglaise, c'est superbe... ça a un relief... (Haut.) J'accepte !

BELPHÉGOR.

Oh ! bravo ! hourra ! Allez faire vos apprêts de départ ! ce soir nous partons ensemble pour London.

BÉBÉ.

Pour London, c'est dit !

BELPHÉGOR.

A bientôt, my dear !

BÉBÉ.

A bientôt !... (A part.) A moi la fortune !

BELPHÉGOR, à part.

A nous la petite ! (Ils sortent chacun d'un côté. Musique à l'orchestre jusqu'à l'entrée des femmes.)

SCÈNE VIII.

CLAQUETTE, LA ROUSSOTTE, MADELON, CATICHE, JEANNETTE, TAPOTTE, NICOLE.

LES JEUNES FILLES, entrant.

C'est une horreur ! c'est une infamie !...

MADELON.

A sec !

CLAQUETTE.

Complétement à sec !

LA ROUSSOTTE.

Plus un monaco !...

CLAQUETTE.

Décavées !... nous sommes décavées !...

TAPOTTE.

Quelle position !...

CATICHE.

Qu'allons-nous devenir ?

CLAQUETTE.

Ah ! mesdemoiselles !...

TOUTES.

Quoi donc ?

CLAQUETTE.

Une idée !

MADELON.

Tu as une idée ?...

CLAQUETTE.

Oui, je songe à ce prince étranger.

CATICHE.

Le Hongrois ?

CLAQUETTE.

Il est millionnaire... Il vient ici pour se marier...

LA ROUSSOTTE.

Tiens ! un prince qui cherche une femme, si je pouvais lui donner dans l'œil...

MADELON, à Claquette.

Mais, ton Hongrois, il est affreux!...

TOUTES.

Ah! oui!

CLAQUETTE.

Bah! pour un mari!... Et si l'une de nous pouvait faire sa conquête?

MADELON, d'un air affligé.

Ah! ma chère, ça ne sera pas toi, toujours.

CLAQUETTE, piquée.

Pourquoi donc?

MADELON.

Je ne veux rien te dire de désagréable, mais tu es bien pâle, bien fanée!

CLAQUETTE.

Pas plus que toi! Tu es verte, ma chère!

MADELON.

Verte?...

TOUTES.

Oui... oui...

MADELON, tirant une petite glace de sa poche.

Regardez donc vos figures!

TOUTES, tirant aussi de petites glaces de leurs poches.

Ah! mon Dieu!

CATICHE.

Comme j'ai les yeux cernés!

TAPOTTE.

Comme j'ai mauvais teint!

LA ROUSSOTTE.

Tiens! j'ai le nez rouge!

MADELON.

Air anglais.

Je suis blême!

CATICHE.

J'ai l'œil cave.

CLAQUETTE.

C'est un' rid' que j' vois là.

LA ROUSSOTTE.

J'ai l' nez comme un' bet'rave,
C'est l' kirch qu'est cause de ça!

CLAQUETTE.

Quoique encore jeunettes,
Je vous le dis, hélas!
Pour faire des conquêtes,
Nous sommes de tristes soldats!

ENSEMBLE.

Pour faire des conquêtes,
Nous sommes de tristes soldats!

SCÈNE IX.

LES MÊMES, BELPHÉGOR, en marchand badois, avec une
petite boîte suspendue devant lui.

BELPHÉGOR, avec l'accent allemand.

Aj'tez!... aj'tez!...

TOUTES.

Un marchand!

BELPHÉGOR, criant avec l'accent allemand.

Aj'tez!... aj'tez! Eszellentes marjantises! et bas chères! bas
chères ti tut!... Foyez! foyez!

CLAQUETTE.

Inutile!

MADELON.

Nous n'avons besoin de rien!

LA ROUSSOTTE.

D'ailleurs nous n'avons pas d'argent!

BELPHÉGOR.

Ça m'est égal!... Ché fous ferai grétit.

LA ROUSSOTTE.

A crédit?... Ça me va! Quéqu' vous vendez dans vos boîtes?

BELPHÉGOR.

La peauté tes tames!

TOUTES.

La beauté des dames?

BELPHÉGOR.

Ya, ya! Ti rouche fécheial! ti planc! ti pleu de Prusse,
pour se faire des feines... Ti noir pour se faire les cils... et
s'acrantir les yeux...

TOUTES, à part.

Tiens!... tiens!...

MADELON, à part.

Un moyen de retrouver ma fraîcheur, ma beauté disparue.

BELPHÉGOR, à part, voix naturelle.

Si elles y mordent, elles sont pincées! Quand une femme
se maquille, c'est qu'elle a perdu la beauté de diable... (Haut.)
Allons, foyez, foyez, mestames!

CLAQUETTE.

Non, non, décidément, je n'en use pas...

TOUTES, s'éloignant.

Ni moi! ni moi!

CLAQUETTE.

Me maquiller!... par exemple! (Bas à Belphégor.) Donnez-moi
une boîte.

BELPHÉGOR.

Foilà! (Elle la prend et la cache en s'éloignant.)

MADELON.

Mettre du fard... Quelle horreur! (Bas à Belphégor.) Une boîte, vivement!

BELPHÉGOR, même jeu.

Foilà! (A part.) Et de deux.

CATICHE, bas à Belphégor.

Donnez!

BELPHÉGOR.

Foilà! (A part.) Et de trois! (Bas à Jeannette qui s'est approchée de lui.) Prenez! (Jeannette s'éloigne. — A Tapotte, qui s'approche aussi de lui.) Enlefez! serrez-moi ça!...

LA ROUSSOTTE, s'approchant à son tour, et bas.

Seulement du blanc pour mon nez! le reste va bien.

BELPHÉGOR, lui en donnant.

Foilà.

CLAQUETTE, d'un air indifférent.

Mesdemoiselles, je me sens fatiguée, je rentre dans ma chambre.

LES AUTRES JEUNES FILLES.

Et moi dans la mienne.

TOUTES ENSEMBLE, à part.

Allons faire ma figure!

CLAQUETTE.

Air : *Aujourd'hui, autrefois.*

Oui, renonçons à chercher un mari
    Aujourd'hui!
        TOUTES.
    Aujourd'hui!
        CLAQUETTE.
Nous ne somm's pas en état de lui plaire
    Aujourd'hui.
        TOUTES.
    Aujourd'hui.
        CLAQUETTE.
Ne songeons plus à déclarer la guerre
    Au Hongrois.
        TOUTES.
    Au Hongrois!
        LA ROUSSOTTE, à part.
Tâchons de retrouver mon frais minois
    D'autrefois.
        TOUTES, à part.
    Retrouvons mon minois,
        Mon minois
        D'autrefois!

(Elles sortent.)

SCÈNE X.

BELPHÉGOR, FANCHETTE.

BELPHÉGOR, les regardant sortir.

Allez, allez vous maquiller! Vous m'en direz de bonnes
nouvelles!... Fanchette!

FANCHETTE, entrant très-agitée.

Que viens-je d'apprendre! Ah! le traître, le volage! me
trahir à ce point! me délaisser pour cette horrible Anglaise,
quand, moi, je ne songeais qu'à lui rester fidèle!...

BELPHÉGOR, qui s'est arrêté au fond et l'observe.

A son tour maintenant!

FANCHETTE.

Comment empêcher ce mariage, comment triompher de ma
rivale? Pour cela, il faudrait pouvoir lutter avec sa fortune...
ramener le perfide par mes charmes, par ma beauté!...

BELPHÉGOR, à part.

Elle y viendra!...

FANCHETTE, se regardant.

Hélas! ma beauté... le chagrin l'a flétrie!...

BELPHÉGOR, s'approchant.

Aj'tez! aj'tez! la peauté tes tames!

FANCHETTE.

Hein! comment! que dites-vous?...

BELPHÉGOR.

Ti rouche végétal, ti planc, ti pleu pour se faire tes feines,
et s'acrautir les yeux! Foyez! foyez!

FANCHETTE, à part.

Oui, oui... Ce moyen que je cherchais... le voilà! Mais à
mon âge,... me... Ah! c'est affreux!

BELPHÉGOR.

Et pourquoi tonc, ma petite? Mais, à Paris, toutes les
femmes, elles se maquillent! Prenez, prenez, vous serez belle
comme un petit cœur!

FANCHETTE.

Eh bien! donnez, donnez!

BELPHÉGOR, à part.

Nous la tenons!...

FANCHETTE, à part.

Oh! mon petit Bébé, c'est pour toi! (Elle sort par la droite.)

BELPHÉGOR.

Allons donc! adieu ta fraîcheur, Fanchette! (On entend un cri
à droite.) Ça y est, côté droit!.. (Autres cris de toutes les jeunes filles
dans la coulisse.) Ça y est, côté gauche; ça y est partout! Elles
sont vieilles, et Satan a retrouvé sa beauté! Victoire sur toute
la ligne! (Il sort.)

SCÈNE XI.

SATAN. Il est en postillon de Longjumeau ; il entre suivi par la foule des voyageurs : son visage est redevenu frais et rose ; une blonde chevelure ombrage son front et tombe sur ses épaules ; puis MADAME SATAN.

SATAN, entrant.

Place! place!

Air du *Postillon de Longjumeau.*

Voyez ce teint couleur de rose !
Voyez ces cheveux si soyeux !
Voyez ce nez, voyez c'tte pose,
Et ce sourire gracieux !
Que pour moi votre enceus s'allume,
Des bell's voilà le favori ;
Je crois être sous ce costume
Plus épatant que Montaubry,
    Oh! oh! oh!
    Que j' suis donc beau
En postillon de Longjumeau!

ENSEMBLE.

    Oh! j' suis-t-y beau (*ter.*)}
En postillon de Longjumeau !

LE CHŒUR.

    Ah! qu'il est beau
En postillon de Longjumeau.

MADAME SATAN, entrant.

Eh bien, qu'est-ce donc? que se passe-t-il? (Voyant Satan.)
Ah! le gueux!... il a réussi!... (Haut.) Sortez tous !

SATAN, à part.

Augustine!... Scène de ménage!... La casse est personnelle.

REPRISE.

    Ah! qu'il est beau (*ter.*)
En postillon de Longjumeau!
      (Sortie de la foule.)

SCÈNE XII.

SATAN, MADAME SATAN.

MADAME SATAN, à part.

Ah! c'est vrai... qu'il est donc beau !... qu'il est donc beau

SATAN, à part.

Tiens!... elle n'est pas mal en Polonaise...

MADAME SATAN.

Tu triomphes, Théodore... Ah! je suis battue!...

SATAN.

A plates coutures, c'est historique!...

MADAME SATAN.

Non, car je suis jalouse; je ne te laisserai pas à mes ri-
vales... je puis t'estropier, t'égratigner, te...

SATAN, vivement.

Minute! (A part.) Dissimulons!... (Haut.) Mais cette beauté,
je ne la revoulais que pour la mettre à tes pieds !

MADAME SATAN, minaudant.

Oui, vous dites ça, grand vaurien ! (Elle lui passe la main dans
les cheveux.)

SATAN.

Voyons, Augustine, depuis que vous convolâtes avec moi ,
j'ai toujours été un mari... consciencieux...

Air de *Joconde*.

Si j'ai, hors du ménage
Fait du marivaudage,
Dans tout ça, crois-le bien ,
Mon cœur n'était pour rien !
Par instants, par boutades,
On peut faire des cascades,
Avoir quelques toquades;
Mais on revient toujours
A ses premiers amours!

Tiens, grande mauvaise!... voilà la clef de mon boudoir... (Il
lui donne une énorme clef.) Je ferai changer la serrure !

MADAME SATAN, baissant les yeux.

On ne fera plus de chagrin à son grand chien rose ?

SATAN.

Bêtasse que t'es, va! (A part.) Je lui donnerai un jour!

MADAME SATAN.

Et mes petites protégées ?

SATAN.

Eh bien, quoi?... elles ont perdu la beauté du diable, qui
est la beauté des jeunes filles ; mais il leur reste la beauté de
la femme... Tu vas voir!...

HUITIÈME TABLEAU

Le décor change à vue et représente un site pittoresque en Normandie ; c'est la fête du pays.

—

SCÈNE XIII.

Les mêmes, LA ROUSSOTTE, CLAQUETTE, MADELON, CATICHE, JEANNETTE, TAPOTTE, NICOLE, en habits des dimanches ; elles portent de grands bonnets de Cauchoises et ont chacune dans les bras un mioche emmailloté. Elles entrent à la queue leu leu.

ENSEMBLE.

Air : *Ali-Alo.*

N-i-ni,
Pour nous toutes c'est fini,
J' n'allons plus à l'école,
J' faisons
Autr' chos' que d' jouer à pigeon vole !
Car j'avons
Des poupons,
J'avons (*ter.*)
De gros poupons.

MADAME SATAN.

Mères de famille !...

SATAN.

Ah ! elles n'ont pas perdu de temps.

CLAQUETTE.

Eh ! oui, pardi ! j' sommes revenues au village, où j'ai épousé Jean-Pierre... V'là mon homme !

MADELON.

Et v'là l' mien itou !

LES AUTRES.

Et v'là le mien !

CLAQUETTE.

J'avons toutes un mari.

MADELON.

Et d' beaux enfants !

LA ROUSSOTTE, montrant son enfant.

V'là mon mioche... c'est le plus gros du pays... seulement, il ne fait que crier. (Lui donnant une calotte.) Aïe donc, moutard !

MADAME SATAN.

Et Fanchette ?

CLAQUETTE.

Ah !

LA ROUSSOTTE.

Elle ne s'est pas mariée, elle... Tenez, la v'là qui vient.

SCÈNE XIV.

Les mêmes, FANCHETTE, puis BÉBÉ, puis BRASSEUR.

FANCHETTE, en vieille paysanne.

Air de l'*Apparition*, du prologue.

Me v'là de r'tour en mon village ;
Malgré mon destin rigoureux,
En pensant à mes amoureux,
Je chante encor comme au jeune âge !
Glou, glou !
Je gardons mes dindons,
Mes jolis petits, mes jolis dindons.
Allais,
Marchais,
Glou !

SATAN, à part.

La malheureuse !... comme elle est décatie !

FANCHETTE, d'une petite voix fêlée.

J'ai été gentille dans mon temps... mais quoi !... on n'a
pas toujours la beauté du diable !... Ça passe, mes enfants,
ça passe, et les amoureux ne reviennent pas !

MADAME SATAN, émue.

Pauvre petite !

SATAN, ému.

Je sens un pleur...

MADAME SATAN.

Théodore, voyons, rendez-lui son Bébé, qu'il revienne près
d'elle !

SATAN.

Tu l'exiges ? Eh bien, qu'il y *soye* ! (Musique. On entend la cloche
sonner et les paysans crier au dehors.)

LES PAYSANS.

Vive monseigneur ! vive monseigneur !

LES FEMMES, qui ont remonté.

Oh !

LA ROUSSOTTE.

Ah ben, en v'là une bonne ! v'là le seigneur du pays !... Dis
donc, Fanchette, c'est M. Bébé qu'est de retour !

FANCHETTE.

Lui ? Oh ! qu'il ne me voie pas ainsi !.. Cachez-moi, mes enfants, cachez-moi ! (Elle se met derrière les paysannes, tout le monde
crie vive monseigneur ! en agitant les chapeaux. On voit paraître Bébé, son
costume atteste la débine la plus complète.)

BÉBÉ.

Oui, il est gentil votre seigneur !

TOUS, regardant son costume.

Oh!

BÉBÉ.

Normandie, patrie des deux Corneille, Pierre et Thomas, reçois un de tes fils, qui s'est fait ratisser.

MADAME SATAN.

Le malheureux!

SATAN, à Bébé.

Est-ce que c'est toujours Dusautoy qui vous habille?

BÉBÉ.

Et j'en arrive à faire rire les postillons! Oh! ma Fanchette, qu'es-tu devenue? où es-tu?

TOUS.

Mais elle est ici.

BÉBÉ.

Elle est ici? Oh! reviens, ma Fanchette! reviens! je t'aime et je t'épouse!

FANCHETTE, redevenue jeune, courant à Bébé.

Monsieur Bébé!

BÉBÉ.

Fanchette!

BRASSEUR, paraissant en paysan Normand.

Me v'là! me v'là!

SATAN.

Brasseur!

TOUS.

Brasseur!

BRASSEUR.

Dites donc, je viens de la barrière d'Enfer, vous n'y étiez pas. Et mon engagement?

SATAN.

Le voilà!... Tu vas rentrer au Palais-Royal, j'ai fait arranger ça. Je serai là, et je te ferai un succès d'enfer, ma vieille!

BRASSEUR.

Ça me va! Et maintenant, en avant la bourrée!

FANCHETTE.

Air de SILVAIN MANGEANT.

Ohé! les gars d' la Normandie,
Il est un pas dont on est fier,
Pas national de la patrie :
Ohé! les gars, la jambe en l'air! (bis.)
C'est la bourrée, et bon, bon, bon!
Et allez donc!
Et allez donc!
Gigottez donc!
Bon!

(Danse.)

II

BRASSEUR.

En avant, violon et muzette,
Les jeuness's et les cavaliers !
Plus tard, nous cueill'rons la noisette,
Dansons d'abord sous les pommiers. (*bis.*)
C'est la bourrée, et bon, bon, bon!
Et allez donc!
Et allez donc!
Gigottez donc!
Bon!

(Danse.)

FANCHETTE, au public.

Voilà notre pièce finie ;
Pour nous, messieurs, soyez galants.

BRASSEUR.

Pour les enfants d' la Normandie,
Conduisez-vous en bons enfants.

ENSEMBLE.

C'est la bourrée, et bon, bon, bon !
Et allez donc!
Et allez donc!
Gigottez donc!
Bon!

(Bourrée exécutée par Brasseur et Fanchette, à laquelle se joignent bientôt
Satan, madame Satan et Bébu, et qui finit par un pêle-mêle général.)

FIN.

LAGNY. — Typographie de A. VARIGAULT et Cie.